「遺骨を拾わない・お墓をつくらない」葬送を考える

源 淳子
Minamoto Junko

同時代社

はじめに

「終活」という言葉が一般に使われ、違和感がなくなってきました。終活に関係する本の出版も多くあり、講座のタイトルに「お葬式」「お墓」という言葉がつく時代になりました。「死」がタブーではなくなったことを意味します。

その理由はいろいろあると思います。多死時代を迎えたこともそのひとつでしょう。新型コロナウイルスの突然の流行でアッという間に亡くなる人が増えたこともあるでしょう。もうひとつ大きいのは、死は縁起が悪いとされてきましたが、そういう問題ではないと実感されてきたからだと思います。

さらに、団塊の世代が親を看取り、葬送を体験するようになってきたことも大きな原因ではないかと思います。地方から出てきて新しい土地で生活を始めた団塊世代は、その土地の因習や世間の慣習にあまりとらわれない傾向があります。その世代が主たる葬送の執行者になったのです。ちなみに、わたしも団塊の世代です。

そして今、その団塊世代は自分の死について考える年頃になってきました。周囲から聞こえてくるのは、同世代の人の死です。昨年（２０２３年）の夏、わたしが島根県の生家に帰省して同級生に会ったところ、彼が語ったのは、「〇〇さんが亡くなった。△△さんも亡くなった」との同級生の死の話ばかりでした。死が他人ごとではなくなってきたのです。死は縁起が悪いといって避ける問題ではなく、わたし自身の問題として身近に迫ってきているのです。

わたしは、葬送をテーマにする講座に講師として何度か呼ばれたことがあります。自分の体験を話しながら、葬送のあり方を考えてほしいと思って講座を進めていきます。いろいろ問題を抱えている人や考えている人が集まるのか、みなさんが真剣に聞いてくださいます。

しかし、どの講座でもわたしが話す内容でだれでもが驚かれることがあります。それは、わたしがつれあいの遺骨を拾わなかったことを話したときです。衝撃が大きいのか、すぐにどう考えてよいのか分からないのか、キョトンとされています。

ただ、質問を受けることは多々あります。「遺骨を拾わなかったといわれましたが…」とか「遺骨を拾わないとは…」といい始められますが、あとの言葉が続かないのです。つまり、何を質問してよいのか分からないからだろうと思います。遺骨を拾わなかった理由をどれだけ説明しても、すぐには納得する顔をされたことはありません。多くの受講者の方が戸惑っている感じです。わたしが逆に尋ねてみると、「遺骨を拾わないことなど考えたこともなかった」とのことです。そうだろうと思います。

２０１７年11月27日に『自分らしい終末や葬儀の生前準備――「生老病死」を考える』（あけび書房）を出版しました。その出版からちょうど1年前の２０１６年11月27日にわたしはつれあいを亡くしました。大切な人を亡くすことのしんどさを嫌というほど味わい、亡くなったあとにアル中（いささか大げさな表現ですが）になりかけたわたしを救ってくれたのは、友人と読書会の仲間たち、そしてその本の原稿を書くことでした。その本にわたしは、つれあいとのこと、彼の死後のことを書きました。そして、その本を読んでくださった人にもっとも衝撃を与えたのが、わたしがつれあいの遺骨を拾わなかったことでした。

わたしにとってはそれほどのことではなかったのですが、それだけ多くの人に対して考えられないことをわたしはしたのかという思いが、死後7年以上も経つのにいまだにあります。そこで、わたしはもう一度つれあいの遺骨を拾わなかったこととその理由をお話ししたいと思い、今回改めて本を書くことにしました。

詳しいことは本文を読んでいただくことにしますが、「遺骨を拾わないこと」は一般的にはあたりまえではありません。しかし、わたしにとってはごくあたりまえのことだったのです。

その『自分らしい終末や葬儀の生前準備』を刊行してから、新型コロナウイルスの感染によって、葬儀のあり方が大きく変化しました。コマーシャルも「小さなお葬式」「寄り添うお葬式」などと謳い、家族葬が断然増え、直葬も行われています。

ところが、お墓の変化はあまりみられません。しかし、お墓については、悩みを抱える人が増えていると感じます。葬送の講座でもお墓に関する質問が多く出されます。

遺骨を手元に抱えながら、その納め方に悩んでいる人がいます。すでにお墓があるけど、そのお墓が遠くて、一人では墓参りができない人。子どもがいなくて、将来自分の墓をみてくれる人がいない人。子どもがいてもその子どもが外国に住んでいるので、お墓をどうしようかと悩んでいる人。墓じまいをしたいけど、どのようにしてよいか分からない人などなど…。多くの人がお墓に関しての悩みを抱えています。

お墓の悩みは尽きません。ほんとうにその解決方法はないのでしょうか。

遺骨のことやお墓のことなど、葬送のあり方に悩んでいる方々の少しでもお役に立ちたいと思い、そして、あたりまえに思っている葬送に関することを立ち止まって考えてみたいと思い、本書を書こうと思い立ちました。

葬送のあり方について、本書を通してご一緒に考えられたらと思います。

2024年3月

源　淳子

3章　戒名とお墓の問題

あとがき　

あらかじめ準備しておくチェックポイント　

「遺骨を拾わない・お墓をつくらない」葬送を考える

1章　つれあいの遺骨を拾わなかったわたし

死後のことに関心を持ったわたし

友人の知り合いが困っていると聞き、その悩みを聞きました。彼女の夫が末期ガンで入退院をくり返しているとのことです。確実に死が迫っています。しかし、夫と死後のことの話し合いができておらず、何をどうしてよいか分からないというのです。

死期が迫っている夫に、「あなたは死んだあと、どうしてほしいですか」なんていえるわけがありません。夫がその話をもちかけてくれるのを待つしかないです。それでもじっとしておれない彼女をみて、用意しておいたほうがよいことなどを話しました。そして、わたしがお世話になり、わたしの希望を叶えてもらった葬儀社を紹介しました。

夫婦間、親子間などで亡くなったあとのことを話すのは、なかなかむずかしいと思います。子どもは親の死後のことを親に聞きにくいからです。

しかし、徐々にですが、親が死後のことを子どもに話すようになってきました。団塊の世代が自らの死を我がこととするようになったからだと思います。死後のことを大切な人と話し合うのは、とても大事なことです。死ぬことは生きることにつながります。

幸いわたしはつれあいと死後の話ができました。宗教の話をする延長線上に死後の話もありました。

そもそも、わたしはつれあいとともに生活をするようになる以前から、生まれてもの心がつく頃から、死後の問題に関心を持たされていました。それは、わたしが島根県奥出雲町の小さな浄土真宗の寺に生まれたことが影響しています。

子どもの頃から寺に生まれたことが嫌で仕方がありませんでした。近所の子どもたちに、「お前んとこ、人が死んだら儲かるやろ」と何度もいわれたからです。儲かるほど大きな寺ではなく、実は私の大学の学費も出せないくらい貧乏な寺だったのに、近所の人たちは「お寺はいいわね。今日、お葬式があったから儲かったのね」などと話していたのでしょう。

本堂の横に墓地があるので、そのお墓の家の人が亡くなると、遺体をそこに埋めていました。戦後でしたが、まだ土葬があたりまえの時代でした。知っている人が亡くなると、その人の顔が浮かび、その夜はよく眠れませんでした。そして夕方、墓地から火の玉が上がることがあり、怖い思いをしながら家に帰ったこともありました。

住職である父は、葬儀のあった日の晩ご飯のとき、その日のできごとを話してくれました。父にしたら、ストレスの解消だったかも知れません。姑を亡くして、どこかホッとしている「お嫁さん」。子どもを亡くして号泣する若い母親。事故で亡くなった人のこと。自死の場合の話など、いろいろな話を聞くことができました。父の話からはさまざまな人間模様を知ることになり、また人間の苦悩も子どもも心に知ることになりました。死はわたしの身近にありました。

わたしの身内の死は、高校3年の受験時の3月でした。曾祖母が亡くなったのです。朝眠っている曾祖母に「行ってきます」と声をかけて学校へ行きましたが、午後の授業の途中、担任から「おばあちゃんが亡くなった。すぐに家に帰りなさい」といわれ、一人で学校をあとにしました。

帰宅したときには曾祖母が亡くなったことが知人や関係者にすでに伝えられていて、近所の人だけではなく、門徒の人も来て、葬儀の準備をしていました。家のなかで、家族のプライバシーはまったくなくなり、居場所がなく落ち着かなかったことを覚えています。すべての食事が近所の女性たちの手でつくられ、わたしたち家族は用意された食事を食べるだけでした。あとで分かったことですが、まだ死の穢《けが》れ観が残っていて、遺族も穢れているから、食事の食器も別、食べることも他の人とは別でした。穢れが伝染する触穢《しょくえ》思想も残っていました。

曾祖母の納棺は、棺桶が用意されてから行われるのですが、土葬でしたし、昔のままの棺桶です。桶屋さんがつくった新しい棺桶です。そこに納棺するために、亡くなるとすぐに手を合わせ、足は膝を立てるような格好に折り曲げます。

その前に着替えが行われます。着替えは家族だけでするのではなく、近所の女性が手伝ってくれることになっていました。同時に体を拭くことも行われました。食事が穢れの理由で別だったのに、近所の女性が死者の体に触っていたのは、なぜだったのでしょう。いまだに不思議です。母が近所の人にきつくいったのは、「左前にしないでください」でした。亡くなった人の死に装束《しょうぞく》を生きているときとは反対にする考えがありますが、わたしの家族はそういう習俗をしないと決めていたのです。

それは守られたのですが、母が用意していた白衣《はくえ》は一枚でした。もちろん襦袢は用意していました。3月初旬はまだ寒く、雪も残っていましたが、母は、自分の祖母に着せる着物を決めていたので、それを出してきたのです。ところが、「一枚では寒いので、もう一枚着物を出してください」といわれ、母はしばらく躊躇していました。もう一枚出したくなかったのです。わたしにはその躊躇がすぐに理解できました。母は、祖母が亡くなったときに着せるものは白衣一枚と決めていて、死んだ人が寒いなんてことはないと考えていたからです。

しかし、そこにいる女性たちがすべて母より年上の人でしたし、出さなかったらあとで何をいわれるか分からないので、母は渋々もう一枚着物を出してきました。着物を出し、近所の人に渡したあと、わたしを別室に連れて行き、わたしにいった言葉を今でも忘れません。「わたしが死んだときには、近所の人が入ってくる前に着替えをすませときなさい。白衣一枚で充分です」と。

母は今、わたしの住まいの近くの介護施設にいます。わたしより早く亡くなれば、わたしが着替えをすることになります。わたしが母を介護することに決まり、弟に母の普段着を送るよう頼んだとき、母が着ていた白衣も送ってもらいました。わたしは母と同じ考えですから、母が亡くなったときには用意している一枚の白衣のみを着せます。

土葬ではお墓の悩みが出てきませんでした。埋めてしまえば、1年が経つと土嵩が落ちます。棺桶が朽ち、白骨になったことを知らせてくれます。土をきちんと平らにして、そこへ墓石を置くのです。わたしの家の墓は、墓石が一つしかなかったので、墓石が立っていた横に曾祖母は埋められました。そして、墓石はいつも通りの真ん中に置いたのです。わたしの家族は、寺に暮らしているという環境のせいだったと思いますが、死についての話し合いができていました。死はまったくタブーではありませんでした。わたしが大学に入学して家を離れたとき、休みには帰省していましたが、休みが終わって帰るとき、父は必ずいいました。「これが最後になるかも知れない」と。死はだれの上にいつ来るか分からないことを自分にいい聞かせるように、また私にも教えたのです。亡くなったあとに着るものは全員が白衣、左前にしない、曾祖母の経験を踏まえて近所の人に手伝ってもらわないなど、家族で死後のことを決めていました。

死後についてのつれあいとの話し合い

家族で死の話し合いができたと同様に、いっしょに暮らしたつれあいとも死の話はタブーではなく、死後について話し合うことができました。彼が仏教関係の新聞社に勤めていたからでしょうか。また、彼は浄土真宗本願寺派で得度をしていました。得度していたことには驚きました。大学卒業後、西本願寺関係の新聞社に就職した際に「仏教関係の新聞社の記者なら得度したほうがよい」と上司にいわれ、自らの意志ではなく、得度をしたそうです。ちなみに得度とは、仏門に入ること、僧侶になることです。

わたしの得度も自らの意志ではなかったので、お互いさまということで話が合いました。二人が知り合っていないときにお互いに得度をしたのですが、得度の10日間のしんどかった話で盛り上がりました。彼とは仏教の話ができる、そのような関係でした。

いっしょに住み始めて持ち寄った本では、仏教の本が多かったことにも驚きました。仏教関係の記者、編集者だったので、幅広い本を持っていたことは、わたしにとってありがたかったです。

しかし、彼はジェンダーが分かる人ではありませんでした。記者として学ばなければならないから、人権問題を学んでいましたが、宗教における人権問題は部落問題が中心でした。それぞれの宗派が抱える部落問題の取材を通して、差別戒名などにも関心を持っていました。

仏教関係の新聞社では記者の数が少ないので、人権問題だけではなくさまざまな宗教界のイベントの取材や関係者へのインタビューが主な仕事でした。新宗教の取材に連れて行ってもらったこともあります。そのとき、信者さんたちが参加する場所で、主催者側が参加者に投げかける「お帰りなさい、お帰りなさい」という言葉に違和感を抱いたこともありました。七草がゆをふるまう教団にも連れて行ってもらい、おいしい七草がゆをいただきました。宗教のイベントに関心のなかったわたしは、出店で買い物をしたり、地元の特産品を買ったりしていました。

彼がジェンダーを分かる人に変わったのは、わたしとの出会いからだと思っています。わたしのストレスをよく聞いてくれたのですが、わたしだけがしゃべるので、わたしは「どうして自分のストレスをわたしに話さないの?」と聞いたら、「男は他人にグチをこぼさない」と答えました。そのように、彼は社会でつくられたジェンダーを身につけたままでした。わたしはフェミニズムに出会い、自分自身が変わりました。自分が変わることはむずかしいことでしたが、わたしにとっては大きな転機になり、その後の生き方もそれ以前とは違いました。「個」の確立ができたと思います。

わたしは彼に変わってほしいと思いましたが、無理に変えようとはしませんでした。とにかく二人でよく話しました。わたしのほうがグチをこぼし、彼が聞いている時間が多かったのですが、いつの間にか彼もグチをこぼすようになりました。そうしたら、仕事のこと、二人の関係のことなど、とにかくいろいろなことを話し合うようになりました。わたしが専門にしている日本の宗教における女性差別の問題もよく聞いてくれました。そして、わたしが書いた論文を読み、コメントをくれるようになりました。

彼と信頼関係ができ、対等であることを実感しました。わたしにとってなくてはならない大事な人になりました。二人は仏教の話ができたので、あたりまえのように死後の話もしました。どちらが先に死にたいかの話は、わたしが先に死にたいと思い、彼は長生きがしたいといいました。自立していた人なので、彼があとに残ることにはまったく不安はありませんでした。しかし、人生は思うようにはいきません。長生きがしたかった彼が先に逝ってしまいました。

そして、二人とも親鸞に学ぶところが大きかったので、死後の話もあたりまえにしていました。二人が一致していたのは、遺影もいらない、祭壇もいらないなど、一般的な葬儀をしないということでした。今でいう直葬を考えていました。亡くなってから着るものも二人とも一致していて、白衣です。これは、二人ともまだ元気なときに母と弟に用意してもらっていました。

そして、肝心の遺骨については、二人とも「遺骨を拾わない」と決めていました。

つれあいの死

2015年10月、彼はステージ4の肺ガンの宣告を受けました。精密検査の結果を二人で聞き、余命3～6か月といわれました。彼もわたしも顔色を変えないで聞いたのですが、見合わせた顔はまったく冷静ではなかったと思います。当事者の彼の気持ちはいかばかりか。わたしは自分の気持ちと闘うのが精一杯でした。

「今は吸っていませんが、若いときはヘビースモーカーでした」といった彼の言葉は、わたしの脳裏に今も焼きついています。

自宅近くの木津川市（京都府）内の病院に転院させてもらい、治療することになりました。治す治療ではなく、抗ガン剤によってガンをなるべく小さくし、一日でも長く生きられるようにしたのです。彼のホームドクターがいろいろ考えてくれて、漢方薬を送ってくれたり、持って来てくれたりしました。宇治市内に住んでいたときの医師で、心にかけてくれる医師がいることは、ほんとうにありがたかったです。

わたしができることは何かを考えました。大切な人を亡くしたあとに心残りがあると多くの人がいっています。それだけは絶対に避けたいと思い、心残りがない看病をしようと心に決めました。彼が求めることはすべて実行し、わたしができることは彼が求める以上のことを考えてやりました。亡くなったあと、心残りはありませんでした。大切な人を精一杯看病して見送りました。彼は73歳でした。余命宣告から1年2か月が経っていました。

彼が亡くなってすぐにしなければならないことは、葬儀社への連絡です。すでに彼が生きているときに、死後何をしてほしいかの打ち合わせもすませていました。病院からなるべく早く出ないといけないことを聞いていたので、彼が亡くなって真っ先に葬儀社への連絡をしました。

葬儀社が病院へ来るまでにすることは、彼の着替えと病室の片づけです。亡くなる9日前に意識がなくなり、この状態を危篤だといわれたので、毎日、病院へ行ったとき、いらないものを持って帰っていました。亡くなった日の片づけは、ほんの少しでした。毎日少しずつ持って帰るのは、死が近づいていることであり、その準備であり、たまらなくしんどいことでした。

着替えは病室に置いていました。看護師さんが体を拭いてくれましたが、わたしは「いっしょにしてもいいですか」と問うたら、「いっしょにやりましょう」といってもらえました。しばらくしたら、「あなたが一人でやったほうがいいと思います」といわれ、わたしは一人で彼の体を拭きました。静かな、何ともいえない二人きりの病室でした。看護師さんの気持ちがありがたかったです。痩せ細った彼の体は、一生懸命に病と闘い、力尽きたことを表していました。

白衣の帯があまりにも長く、それほど彼のお腹は痩せていたのですが、二重に巻いたところで切りました。体が弛緩してくるから、口が開きます。葬儀社の人が来るまで口を閉じるよう押さえていましたが、わたしでは無理でした。口を閉じるのは、葬儀社に頼みました。納棺されていたときの彼はきれいに口が閉じられていました。さすがプロの仕事です。葬儀社の車で葬儀会館まで行きました。直葬を頼んでいたので、焼き場に遺体を保管する場所があれば焼き場に行くのですが、保管場所がない焼き場でしたので、葬儀社へ向かったのです。わたしは納棺を葬儀社に頼みました。

夜の9時過ぎに亡くなったので、葬儀社から帰宅したときには、11時半をまわっていました。飼っていたネコのメイが何となく落ち着かない様子で待っていてくれました。メイに彼の死を伝え、メイを抱いて泣きました。あまりにもきつく抱くからでしょうか、メイはわたしから逃げようと必死でした。でも、メイがいたことは、ありがたかったです。ペットに癒やされるといいますが、メイはわたしにとって大きな存在でした。

葬儀社から通夜をどうするかと聞かれましたが、わたしは彼の傍らにいたいとは思わなかったのです。生きているときは、いつまでも側にいたいと思いましたが、話しても何も応答しない人の傍らにいることはつらいだけでした。危篤のとき、応答がなくなったのですが、医師から「あなたの声は聞こえている」といわれ、亡くなる日までベッドサイドで彼の本（『浄土真宗に還る』）を朗読し続けました。手を握れば、暖かかったです。握り返すほどではありませんが、まだかすかに感じられる力が残っていました。

通夜は一人で杯を手向けようと思いましたが、さすがに一人は寂しすぎます。友人二人が快くいっしょに飲んでくれました。少々飲んでも酔わないのですが、ともに飲んでくれた友人に感謝感謝です。二人とも彼をよく知っている人だったので、彼の思い出話もできて、わたしにとって最良の通夜でした。

飲んでいる最中に、弟から電話があり、「本堂でお通夜をすませた」といってくれました。弟なりの彼に対する対し方だったのでしょう。「外で友だちと飲んでいる」と話したら、「姉貴らしい。飲み過ぎるな」と気遣いをみせてくれました。実は、そのときいっしょに飲んでくれた友人の一人が昨年8月に亡くなりました。飲み友だちをまたひとり失いました。長生きすることは、大事な人を次から次へ失っていくことです。

「遺骨を拾わない」という親鸞の思想

この本で書きたいこと、多くの人に知ってもらいたいこと、それはつれあいの遺骨を拾わなかったことです。つまり、遺骨は拾わなくてもよいことをお伝えしたいのです。お墓の悩みを抱えている人は多いですが、その悩みの解消にもつながります。

わたしたちが元気だったときに話し、領解し合ったことの一つが、どちらが先に亡くなっても、「遺骨を拾わないこと」でした。

わたしは、30代の頃から死後の問題に関心がありました。寺に生まれたことも大きな要素になっていますが、人間が死ぬことの問題をどう考えればよいかが、常にわたしの思いのなかにありました。父が信心を求めている人だったので、わたしもその道をめざさなければならないと思うようになりました。思春期にぶつかる死の問題も関係していると思います。

信心を得る（信仰を持つ）ために「鰯の頭も信心から」といわれるように、何でも信仰すればありがたいということではよくないと思っていたので、仏教をきちんと勉強しようと思い、親鸞を学ぶことに直結したのです。寺が浄土真宗で、親鸞の名前は耳にたこができるほど聞いていました。しかし、親鸞の名前を知っていましたが、親鸞についてきちんと学んでいないことが気になっていました。父から聞く話と寺で行われるときの説教からしか学んでいませんでした。

大学4回生のとき、ゼミの先生が『歎異抄』を読んでくれました。一対一のゼミは予習と発表を毎週しなければならず、しんどかったですが、初めて親鸞の思想に触れた授業でした。

わたしにとって信心を求める道は親鸞の教えによると思っていました。生きることと死ぬことが重なる問題であると考えていたので、「死後どこへ生まれるのか」とか「死の意味」などは、子どもの頃は「浄土」と思っていましたし、死後は仏になると考えていました。浄土真宗本願寺派の教団の教えそのものを体得していたのです。

のちに、教団の教えが親鸞の教えとは違っていることを学びました。親鸞はこの世で往生が定まるといっています。浄土は死んだ先にあるのではない、死後往生をいわないのです。

大学を終えて、龍谷大学大学院で信楽峻麿《しがらきたかまろ》先生のもとで真宗学を学んだことが、わたしにとっては大きな意味を持ちました。それは、仏教を学ぶことであり、信心を得る道だと思っていました。信楽先生のもとで一生懸命学びました。大学院ではわたしが女性でひとりだったため、周りの男子学生から「何しに来たのか」「婿さんを探しに来たのか」といわれて発憤し、こういう男たちに負けない勉強をしようとがんばりました。

しかし、先生のような生き方はとうていできないと、後に信心を求める道を諦めましたが、親鸞の思想は、わたしにとって大切な道しるべとなりました。その一つである、「遺骨を拾わないこと」も親鸞から学んだのです。親鸞のひ孫の覚如《かくによ》が書いたものですが、親鸞は自分の死後、遺体を賀茂川（鴨川）に流して魚に食べさせよといっています。「某《それがし》親鸞閉眼せば賀茂河にいれてうほにあたふべし」（覚如『改邪鈔《がいじゃしょう》』）が、その文です。

つれあいの遺骨を拾わない

亡くなったつれあいも親鸞を学んでいました。話し合っていた二人は、無理することなく親鸞の考えに従おうと決めました。親鸞の死後の考えは、遺体に意味がないことを表しています。もし遺体に意味があるなら、他者のためになるなら、それを活かすことだと思います。魚の餌になることは、まさにそのことを物語っています。他者のためになるなら、この遺体は川へ流されてもよいというのです。

この考えを現代風に考えてみましょう。現代は遺体を焼くのがあたりまえです。川や海にそのままで流すことはできません。犯罪になります。散骨するにはそれなりの方法に則らないとダメです。親鸞の遺体観は遺骨観につながります。遺骨を拾って大切に祀《まつ》ることなどしなくてよいとなります。

「祀る」という意味も二人で考えました。祀るとは基本的には、崇《あが》めるという意味を持っています。遺体を崇める意味がない、と親鸞は語っています。だから、遺骨も崇めなくてよいのです。それはまた、墓をつくらなくてもよいという考えにつながります。彼とわたしは親鸞の思想に学んで「遺骨を拾わないこと」を決め、領解し合いました。

わたしは、親鸞の遺体観、遺骨観を知る以前に、一つの体験をしています。わたしが40代のときに父が亡くなりました。そのとき、焼き場で担当の人が遺骨を拾うことを指示してくれました。その人が、胃ガンで亡くなった父の病気をいい当てたのには驚きました。胃の周りの焼け方が違うことを説明したのです。「肝臓にもガンが広がっていましたね」といわれ、その通りだったので、またも驚いたことを覚えています。

すべての遺骨を拾うようには指示されませんでした。それを知ったとき、わたしは、「残った遺骨はどうされるのですか」と聞きました。横にいた母がわたしを突つきながら、「そんなことを聞くものではない」と小声で叱りましたが、わたしにとっては重大なことでした。「残りは粉にして果樹園に肥料としてまきます」という答に、わたしは「それはすばらしい、いいことだ。すべての遺骨が肥料になってもいい」と強く思ったのです。

わたしはその頃から自分の遺骨をどうしてほしいかを考えるようになりました。だれにも話さずにいましたが、つれあいと初めて真剣に話すことができ、二人が同じ考えだったので、とてもうれしかったです。「遺骨を拾わない」という重要なことを二人が領解し合える関係を大切にしたいと思いました。二人の考えは長い時間をかけて話し合った結果ですが、二人にとってあたりまえのことになりました。

彼の遺骨を拾わないことに葬儀社はひどく驚きました。葬儀社にとっては、前例はないし、考えたこともなかったことでした。わたしは、遺骨を拾わない理由をていねいに説明しました。理解を得るには時間がかなりかかりました。やはり、すぐに理解できることではありません。しかしその結果、葬儀社は理解を示し同意してくれました。葬儀社にとっては前例のないことですが、焼き場に伝え、骨壺を用意しないことぐらいの影響しかなかったのではないかと思います。

焼き場に着いて、遺体がドアの向こうに消えたあと、わたしは帰りました。

ところで、拾わなかった遺骨がどこへ行くかは関心のあるところです。関西ではほとんどの場合、すべての収骨をしません。拾わなかった残りの遺骨に多くの人は関心を持ちません。拾った遺骨だけを大切に扱っていますが、拾わなかった遺骨はどこへいっているのでしょうか。現在は肥料にされるのではなく、多くの場合、遺骨を扱う業者によって、霊園やお寺などの一か所に集められています。拾わなかった遺骨に関心を持ってもらいたいという思いがあります。遺骨をどう考えるかの大切なヒントにもなるからです。

つれあいの悼《いた》み方

つれあいを亡くして思いがけないことがおこりました。それまで二人で決めたことをきっちりやり遂げ心残りがなかったのに、ものすごい喪失感に襲われました。寂しくて寂しくてどうしようもありませんでした。何をしたかといえば、しばらくはひたすら飲むことでした。

わたしは、部屋に彼のものがあるのをよしとしなかったのです。写真を飾るのも嫌でした。彼が使っていたものを視界から遠ざけました。見るとよけいに辛くなるタイプです。友だちのなかには、写真を飾っている人がいます。部屋のあちこちに写真を置いている友人もいます。仏壇に写真を収めている人もいます。仏壇に毎朝水をあげ、仏飯をあげ、お経を唱えている友人もいます。悼み方は人それぞれです。それは、その人らしい悼み方です。わたしは日の前に何も置かないタイプです。

仏壇もありません。彼を仏壇のなかの人とは思えないのです。遺骨を拾わなかったので、当然お墓もありません。お墓に彼がいるとは思えません。彼はわたしのなかにいます。何かに向かって手をあわすことも写真に慰められることもありません。そういうかたちで、わたしは彼を悼もうとは思っていないのです。

そうしたかたちあるものがないから寂しいのではないのです。やはり亡くなるという意味は、この世にいっしょに生きていないことであり、喪失感そのものです。あまりにも寂しいので、何かしようと思っても思いつかず、何も手につきませんでした。責任感だけは失っていなかったので、仕事はやりました。その時間は彼のことを忘れるので、よかったと思います。しかし、大学の授業で話しているとき、板書をしながらふと彼のことを思い出してしまうことは度々でした。

世間でよくいう、これまでは男の世界のことのようにいわれていた「ただ酒を飲むこと」だけが積極的にできたのです。否、飲まざるを得ませんでした。飲んで、彼を思い出し、一人でつぶやき、ネコのメイに語りかけていました。メイもわたしの様子のおかしさに気づいたのか、夜中に大声で鳴くようになりました。夜中にトイレに立っていた彼の姿がないことに気づいたようです。そのメイも2019年8月、亡くなりました。

杯をかたむける量が日に日に増していきました。夕方から夜になると、たまらなく寂しくなります。亡くなって20日を過ぎる頃から、飲む量が気になり始めました。明くる日のしんどさも関係していました。二日酔いです。あまり経験しなかった二日酔いです。しかし、飲んでいる自分を否定することなく、まだまだアル中なんてならないと自分を許しながら飲んでいました。

さすがに体のしんどさとアル中になるかも知れないと思う怖さで、これではいけないと思うようになりました。わたしができることを真剣に考え、わたしには書くことしかないと思いつきました。12月末日から書き始めたことを覚えています。書こうと決めたその日からです。時間があるときはパソコンに向かっていました。それは、彼の死と向き合うことでもありましたが、わたしの悼み方でした。

そして彼が亡くなってから1年後、一冊の本にまとめることができました。先述しました『自分らしい終末や葬儀の生前準備』です。刊行日を彼の一周忌の日にしてもらえたことを彼に一番に伝えたかったのに、その人はこの世にいません。原稿を書いたら、必ず彼に読んでもらっていたのに、彼に読んでもらわなかった初めての原稿でした。それでも親友に読んでもらえました。

今も毎日のように彼を思い出しています。ただわたしの人生は、わたしひとりで生きていかねばなりません。しかし、彼を亡くしてからもわたしを支えてくれる大切な友人がいます。そういう友人を大事にしながら生きていこうというのが、わたしにとっての彼の悼み方です。

2章　葬儀について考える

現在の葬儀が誕生したのは江戸時代

現在、日本の葬儀の多くは仏式で行われています。ではなぜ仏教が葬儀を担うようになったのでしょう。

近世につくられた檀家制度がその由来です。

檀家制度は、江戸幕府（1603～1867年）の時代につくられました。この檀家制度は、日本にしかありません。あたりまえに檀家制度のなかで、葬儀を行い、法要を営んでいますが、仏教本来のものではなく、日本独特のものです。

檀家制度ができた歴史を知ることにより、日本で行われている葬儀やお墓の問題が明らかになり、そこには問題があることも理解していただけるのではないかと思います。

江戸時代に戻り、少し歴史をふり返ってみます。

江戸幕府は、檀家制度をつくる前にキリシタン禁制を敷きました。しかし、幕府は当初からキリスト教を排除しようと考えていたわけではありません。キリスト教の布教が活発化することにより、キリシタン大名も出てきて、幕府の支配体制に影響を及ぼすことになりました。幕府はキリスト教を受け入れることができなくなり、禁制に及んだのです。

幕府がキリシタン禁制を本格化し、強化するきっかけとなったのは、1637（寛永14）年から4か月間続いた島原の乱です。島原の乱とは、肥前国（長崎県）島原半島と肥後国（熊本県）天草島の百姓が、藩主の年貢の取りたての厳しさと飢饉によって、その苦しみから一揆をおこしたのです。結果として幕府軍が鎮圧し、生き残った一揆側の者はすべて斬首されました。その百姓たちがキリシタンだったことが、幕府のキリシタン禁制の強化につながりました。

1638（寛永15）年、幕府は、菩提寺によってキリシタンではないことを保証する寺《てら》請証文《うけしょうもん》を義務づけました。これが寺請制度です。寺請証文がないとキリシタンだと疑われ、藩により取り調べを受け、投獄されました。獄から放免されることはほとんどなかったといわれます。

寺請制度における寺の役割は、キリシタン禁制から戸籍の役割に転じていきました。いわゆる宗門人別帳《しゅうもんにんべつちょう》の作成です。

宗門人別帳には、本国・生国・年齢・続柄・名前・菩提寺・宗派・所在場所が記入されます。お寺が檀家を掌握し、檀家は菩提寺から離れることができなくなりました。生まれた家によって将来の葬儀をしてもらうお寺が決まったのです。ただ、女性は結婚して他家に嫁ぐので、嫁ぎ先のお寺が菩提寺になりました。

こうした経緯を経て、檀家制度が成立しました。1665（寛文5）年、幕府は寺院法度《じいんはっと》を出し、仏教の諸宗派・寺院・僧侶を統制しました。本末制度です。本末制度とは、本寺（本山）の下に末寺が所属する関係です。本寺の上に幕府が位置しますから、幕府―本寺（本山）―末寺―檀家という明確なヒエラルキーができあがりました。

幕府が仏教界を手中に収めることで、権力の強化が図れたと同時に、仏教は幕藩体制の庇護のもとに安泰となりました。

しかし、個人が宗教・宗派を選ぶことができなくなるという大きな損失がありました。宗教的な「個」の確立を阻む家の宗教になってしまったのです。檀家は葬儀を菩提寺にしてもらうことになり、信仰も菩提寺の宗派に自動的に決まりました。

現在の葬儀のルーツは、檀家制度の成立からです。

幕藩体制下での身分制度

幕藩体制下では身分制度を基礎におき、寺請制度、檀家制度が活用されました。身分制度は、支配するのは武士階級ですが、その上に天皇・公家という存在がありました。武士が町人と百姓を支配し、その下には売買される奴婢《ぬひ》と遊女がいました。そして、僧侶身分は別格の身分としてあり、天皇も武士も出家することができました。しかし、本末制度下の末寺の僧侶の身分は別格扱いではなく、僧侶身分のなかで大きな寺と小さな寺のヒエラルキーが存在しました。ヒエラルキーの存在は、武士も町人も百姓も同じでした。

そして、境界線を挟んで、「人外」として差別された穢多《えた》・非人《ひにん》の存在がありました。「人外」とされた穢多は排除される構造ですが、まったく排除されたわけではなく、死人の処理をしたり、天皇の葬儀に遺体を担いだり、牛馬の死体処理をするなど、多くのことを担わされ、利用されました。

この身分制度のなかに女性は遊女しか出てきません。しかし、すべての階級に女性は存在していました。僧侶は男僧と尼僧の住む領域が別だったので、同居はあり得ませんでした。ただ浄土真宗だけは、開祖である親鸞が結婚をしたため、僧侶の結婚が許されていました。だから、浄土真宗の寺は家族をつくっていました。

また、出家をたてまえとする他宗派の僧侶が同棲し、性的な関係を持っていたことは公然の事実として存在してはいました。

檀家制度のもとで説かれた仏教の教え

檀家は、菩提寺に基本的に葬儀・法事をしてもらい、仏教の教えを聴聞しました。その内容が身分制と大いに関係していましたし、基本的には「業論《ごうろん》」が説かれました。

業論とは三世《さんぜ》思想を基本としています。前世・現世・来世に分け、前世の因が現世の果となり、現世の因が来世の果を決めるのです。

例えば、現世に女性として生まれたことは前世に悪いことをしたから女性に生まれたのであり、現世が女性であることはそれが因となって来世は地獄に堕ちる果が待っているという具合です。

そこで取り上げられる人々は差別されていた弱者であり、被差別部落民、ハンセン病者(当時は癩《らい》者といった)、障がい者、女性などでした。

来世には、極楽浄土と地獄が用意されました。当時、「後生《ごしょう》の一大事」といわれるほど、亡くなったあとの世界を大切だと信じていた人々にとって、地獄に堕ちることはあってはならないことでした。

業論を説教したのは僧侶です。業論は、地獄に堕ちることを避ける手立ても用意しました。つまり、信仰（信心）を持てば、来世は極楽浄土に生まれると説きました。弱者の多くがお寺に集い、僧侶の説教を熱心に聞き、信仰（信心）を持ったのです。

女性はお寺に行くことを家族から許されたので、楽しみとしてお寺へ行きました。僧侶は、舅・姑・夫に従順であるよい嫁になることも説いたので、舅・姑・夫にとって都合がよかったのです。だから、嫁を積極的にお寺に行かせる家もありました。

信仰（信心）の話は、つまるところ、女性は罪深いから地獄に堕ちるという内容です。中国から入ってきた偽経である『血盆経《けつぼんきょう》』は、日本で広まりました。女性の月経、出産時の出血を穢《けが》れとし、そういう血を流す女性は罪深いと説きました。その経典を分かりやすく和讃にしたのが、『血盆経和讃』です。

帰命頂礼《きみょうちょうらい》血盆経　女人悪業《あくごう》ふかきゆゑ　御説給ふ慈悲のうみ
渡る苦海のあり様は　月に七日の月経《つきやく》と　産するときの大悪血

神や佛をけがすゆゑ　自《おのず》と罰《ばち》をうけるなり　又其悪血が地に觸《ふれ》て
一度女人と生れては　貴賤上下《じょうか》の隔《へだ》てなく　皆此地獄に落《おつ》るなり（後略）

女性の業は苦しい世界を生きるのです。月に7日の月経と出産するときの血は大悪血であり、神や仏を穢すから神仏の罰を受け、地獄に堕ちるのです。「女は業が深い」といわれてきた所以です。

「後略」の最後の箇所に、信仰を持てば地獄に堕ちないことを次のように説いています。

血盆経をどく誦《じゅ》して　人にも勧め我もまた　昔も後生を願ひなば
さき立《だつ》母親姉いもと　数多の女人と諸共《もろとも》に　血の池地獄の苦免《まぬが》れ
地蔵菩薩の手引にて　極楽浄土に往じます　常に無情の法を聞く
諸佛菩薩を供養《くよう》せん　南無《なむ》や女人の成佛経　南無阿弥陀佛　阿弥陀佛

『血盆経』を読誦し、後生を願って信仰を持てば、血の池地獄に堕ちることを免れることができ、極楽浄土に往生することが約束されると説きます。曹洞宗《そうとうしゅう》をはじめ多くの宗派で説かれた『血盆経』信仰です。

他に、『血の池地獄和讃』『石女《うまずめ》地獄和讃』『女人往生和讃』などがあります。『石女地獄和讃』を少し紹介しましょう。

あら恐ろしや石女の　苦み語《かたら》んやうもなし　あぼう羅刹《らせつ》の鬼共《ども》が
剣《つるぎ》のやまに追のぼせ　獨《ひとり》は西へ行《ゆ》けといひ　獨《ひと》りは東へ行《ゆけ》といふ（後略）

「石女」とは、子どもを産めない女性をいいます。結婚後子どものできない夫婦に対して、男性が問われることはいっさいなく、一方的に女性のみに罪をきせました。子どもを産めないことが罪悪として捉えられ、石女が地獄に堕ちると説きました。最後は、信仰を持てば地獄に堕ちないと説くパターンは同じです。

また、浄土真宗では、第八代本願寺門主である蓮如（１４１５〜１４９９）が書いた『御文章《ごぶんしょう》（御文《おふみ》）』により、多くの信者にその教えが伝播しました。

女人の身は五障《ごしょう》・三従《さんしょう》とておとこにまさりてかゝるふかきつみのあるなり。このゆへに一切の女人をば、又十方にましますす諸仏もわがちからにては女人をばほとけになしたまふことさらになし。しかるに阿彌陀如来こそ、女人をばわれひとりたすけんといふ大願《たいがん》ををこしてすくひたまふなり。

このなかに出てくる「五障」とは、帝釈天《たいしゃくてん》・梵天王《ぼんてんのう》・魔王《まおう》・転輪聖王《てんりんじょうおう》・仏の五つをいい、女性はこれらになれないという意味です。問題は、五つ目の「仏」です。仏教はすべての人が仏になる教えであると説きましたが、女性は仏になれないという考えが出てきて、日本でも使われるようになりました。

わたしは、ひとりで経典を読んでいて、この言葉と問題となる「変成男子《へんじょうなんし》」という言葉に出会ったときの衝撃を忘れることができません。「変成男子」とは仏になれないことの解決策として登場した考えです。女性が男性に変わることによって成仏できるという意味です。この二つの言葉は、わたしが仏教を学ぶことから研究へ向かわせた契機となりました。「女人五障」「変成男子」については、『仏教における女性差別を考える』(あけび書房・2020年)に詳しく書いています。

「三従」とは、女性は父・夫・息子に従って生きることを意味します。

いずれにしても、「五障三従」の女性は浅ましく罪深く救われないので、信心を持つことで阿弥陀仏に救ってもらうしかないと説いたのです。

こうした教えが檀家制度下で説かれたのは、何の目的や効果があったのでしょうか。地獄に堕ちたくないと思った民衆は、僧侶のいうことを素直に聞きました。そして、女性は舅・姑・夫に従順な嫁になりました。

檀家制度の「最大の犠牲者は民衆であった」（圭室文雄『江戸幕府の宗教統制』評論社）といわれるように、民衆は信仰の自由を奪われ、僧侶による葬儀を行い、布施を寺に納めることを強いられたのです。

明治になって確立した祭祀権《さいしけん》

明治政府は、1872（明治5）年、「自葬」の禁止の布告を出します。「自葬」とは僧侶や神職によらない葬儀のやり方をいいます。その禁止の布告の意味とは、それまでは僧侶や神職によらない葬儀を行っていたということが分かります。

近代になって、近世の寺請制度はなくなりましたが、檀家制度がそのまま残りました。檀家制度下であっても僧侶を呼ばないで葬儀ができたのは、民衆のたくましさでしょう。幕府やお寺のいいなりになっていたばかりではなく、葬儀さえ相互扶助で行っていたということです。

そして、1873（明治6）年には、宗教政策と絡んで、神道派の主張を認める「火葬禁止令」（太政官布告第253号）が出ます。政府は神道中心の政治を行おうとしていましたから、仏教が推進する火葬を禁じました。

ところが、埋葬する土地が不足し、また土地の高騰により、1875（明治8）年には、「火葬禁止令」を廃止します。火葬ができるようになり、土葬で困っていた都市部から火葬に移行していきました。

明治政府が国家を安泰にさせるために成立させたのが、1889（明治22）年の『大日本帝国憲法』と『皇室典範』です。そして、翌年には『教育勅語』によって、天皇と臣民の関係や家族間の人間関係などを提示し、天皇にまつろう（服従する）臣民、家長（夫）に従う妻という関係を国民に教えていきました。

1898（明治31）年、家制度が法制化されました。国家を支える最小の共同体として家族を大事なものと考えたからです。

民法第746条・第788条には「戸主及ヒ家族ハ其《その》家ノ氏ヲ称ス」「妻ハ婚姻ニ因《よ》リテ夫ノ家ニ入ル」とあり、同じ戸籍内では家族が同じ氏（苗字）を名乗ることが定められました。結婚は相手の家の戸籍に入るから、「入籍」になりました。1898年以前の結婚は夫婦別姓でした。

日本の家制度の特徴は、家の存続を重視したために、基本的には父系の血統集団ですが、養子制度を認めたところにあります。民法第788条には、「入夫及ヒ婿養子ハ妻ノ家ニ入ル」とあり、婿養子が戸主となりました。ただし、樋口一葉のように女戸主もいました。

家制度において継続するのは、基本的には長男を通して家名、家督《かとく》、祭祀権です。家名は、「○○家《け》」という家の苗字です。家督とは財産のことです。

祭祀権は大事なものとされたので、民法第987条に定められました。「系譜、祭具及ヒ墳墓ノ所有権ヲ承継スルハ家督相続ノ特権ニ属ス」とあります。「系譜」は過去帳、家系図など、「祭具」は仏壇、位牌を指し、「墳墓」は「○○家之墓」「先祖代々之墓」などと刻まれた墓を意味します。それを受け継いでいく者は「家督相続ノ特権ニ属ス」とあり、戸主（家長）です。

『大日本帝国憲法』第28条に「日本臣民ハ安寧秩序ヲ妨ケス及臣民タルノ義務ニ背カサル限ニ於テ信教ノ自由ヲ有ス」と「信教の自由」が謳われました。しかし、菩提寺を簡単に離れることはできませんでした。檀家制度が残ったからです。自らの信仰（信心）を選ぶことは自由ではありませんでした。仏壇や墓を守る長男は家長として、また檀家として家を守ったのです。それは、先祖供養をきちんとやっていくことを意味していました。

戦後、祭祀権は、民法第897条により、「系譜、祭具及び墳墓の所有権は、（中略）慣習に従って祖先の祭祀を主宰すべき者が承継する」となりました。「慣習」となっているので、家制度がなくなったにもかかわらず、戦前のやり方を踏襲したのです。

信教の自由は、日本国憲法第20条で「信教の自由は、何人に対してもこれを保障する」と謳われ、戦前の自由さとは比べものにならないほど自由になりましたが、家の仏壇やお墓から自由になるのは、まだまだ困難でした。

ところで、家制度がなくなったにもかかわらず、「家を継ぐ」という言葉がいまだに使われています。それは、仏壇やお墓を継ぐという意味でも残っています。

学生に家制度の話をしたあと、ひとりの男子学生が話に来ました。「今日の授業でやっと分かりました」というのです。「何が分かったの？」と尋ねたら、「おまえは長男だから家を継ぐのだと、おばあちゃんからいつもいわれている。そんなに大きな家でもないし、財産がたくさんあるわけでもないし、何を継ぐのか意味が分からなかった。お墓や仏壇を継いでほしいということだとやっと分かりました」と。その後、彼が放ったのは「でも俺、そんなものいらんわ。そんなものを継ぐのは嫌です」という言葉でした。現代の若者の本音でしょう。

そのお墓や仏壇を継ぐということに今、多くの人が悩んでいます。それは次章で詳しく考えることにします。

地域共同体の葬儀から葬儀社の葬儀へ

近代の葬儀は、僧侶・神職を呼んで地域共同体で行われていました。その名残りは長く続き、わたしが生まれ育った島根県奥出雲地方では、1960年代でもまだ葬儀を地域共同体で行い、葬儀社はありませんでした。棺桶をつくる職人さんがいて、納棺もいっしょに行っていました。

30数年前、父が亡くなったとき、母がわたしに、「明日の仕事があるなら、仕事を終えてから家に帰ってきなさい」といったのです。当時、わたしは非常勤講師として大阪の女子大学で教えていました。その通りにして帰ったら、通夜が終わった9時過ぎでした。まだ多くの人が残っていて、わたしの姿を見て怒りの声をわたしにぶつけたのです。「娘が通夜に間に合わないで帰ってくるとは何ごとか」と。そのとき母が、「この子はお父さんときちんと別れをすませているので、仕事をして帰るようわたしがいったのです」と毅然と応えてくれ、多くの人がブツブツいいながらも、その場はおさまりました。

それはほんとうのことであり、父の見舞いはもうこれが最後というとき、意識があった父ときちんと別れができました。わたしの家族は、亡くなってからよりも生きているときが大事だと考えていたのです。

地域共同体で葬儀をするとき、わたしが叱られたような口うるさい人がいたり、その場を仕切る人がいたりして、団らんの場である一方で、近所同士のいざこざもおこっていました。曾祖母と父の2回の葬儀の経験をして、終わったあとのわたしたち家族の疲れは、地域共同体のマイナスの面の表れでした。

地域共同体の葬儀が変化するのは、葬儀社の出現によります。その変化は祭壇の有無が大きいです。祭壇の前に遺体を安置して行う葬儀ができない都市部から変化しました。家に仏壇がないことが発端です。家に仏壇がなければ、遺体を安置する場所に困り、祭壇のある葬儀社に遺体を安置したのです。また、都市部のマンションでは棺の出し入れが困難だったこともその一因です。

戦後の高度経済成長とともに葬儀が派手になり、会社の社葬が行われるようになると、個人の家では無理でした。葬儀社が経営する葬儀会場で行われることになりました。それは、現在では地方でもあたりまえになっています。

わたしが経験した葬儀の不思議

この歳になると、知り合いの葬儀に何度か参列しています。ただ、キリスト教式、神式、無宗教式の葬儀に参列したことがありません。仏式のみです。

キリスト教式に参列した人の話を聞くと、どの人も「よかった」と感想を述べます。何がよかったかと聞くと、「葬儀の流れがすべて理解できる」「亡くなった人中心の儀式」「簡潔」「知った賛美歌だったので、いっしょに歌えた」などです。

それに対して仏式は、「よく分からないお経が読まれる」「長い」など、悪評が多いです。読経を長く感じるのは、意味が分からないからですし、実際に長いお経もあります。いっしょに唱和することはほとんどできません。

わたしが参列して違和感を抱くのは、日本人のあいまいな宗教観が表れている点です。日本では亡くなった人を警察が「ホトケ」と呼びました。それに習ったと思いますが、死者を「亡くなってホトケになった」と思っていました。ところが、仏式の葬儀の現場で「天国へ往った」と多くの人はいいます。弔辞で「天国の○○さん」や「○○さん、天国から見守ってください」があたりまえに出てきます。「亡くなってホトケになり天国へ往っている」という意味不明のことがまかり通っています。

なぜそうなったのでしょうか。宗教的な知識がきちんと教えられていないからです。「死んだら天国へ」といういい方を、仏教者がきちんと訂正してこなかったのです。仏教の宗派によってそれぞれ死者のゆくえの考えが違うので、それぞれの宗派をすべて理解できない点もありますが、仏式で「天国」というのは間違いです。

また、死者との対面をみなさまはどう考えていらっしゃいますか。自分が亡くなったあと、棺を開けられて多くの人に自分の死に顔を見てもらうのをどう思われますか。見てもらいたいと思う人は問題ありません。

しかし、わたしの周囲の多くの人は「見てもらいたくない」といいます。わたしも見てほしくありません。つれあいは、死後に集まってくれる人を選びました。死に顔を見てもらってもかまわない人だけです。

彼が亡くなったことを彼の知り合いに連絡しました。「直葬です」と知らせました。それでも参列したいといわれましたが、その人は彼が選んだ人ではありませんでした。わたしは直葬を理由にていねいに断りました。

亡くなったあとに死に顔を見てもらうことについてですが、わたし自身の葬送の場合は見てもらう人を限りたいと思っています。ほんとうはだれにも見てほしくありませんが、そうはいきません。

現在はきれいに化粧されています。女性はとくにきれいに化粧されますが、つくられた顔です。そういうつくられた顔も見られたくありません。

死に顔を見られることを考えたことがなかった人は、自分のこととして考え、もし見られるのが嫌な場合は、残される人に伝えておいたほうがよいと思います。

わたしの生家の地域では、葬儀の前に遺骨にする考えがあります。遺骨が祭壇に安置されるので、死に顔を見られるという心配はありません。都市部の大きな葬儀でも遺骨を前にする告別式がよく行われています。

亡くなった人への弔辞に出てくる言葉にも違和感を抱くことがあります。「見守ってください」です。亡くなった人にまだ働かせるのですかと思ってしまいます。力が尽きて亡くなったのです。「安らかに眠ってください」でいいのではないでしょうか。いささかこだわった話かもしれませんが、それらは、死の意味、死者とつながる問題として、次章で考えたいと思います。

焼香順に表れる家制度的なもの

参列した通夜・葬儀の焼香順にも違和感を抱いていました。だいぶ変わったとはいいますが、まだまだ男性中心、家制度的なところが残っています。

簡単な例えを出しましょう。両親の子どもが第一子女性、第二子男性、第三子女性。それぞれに配偶者がいるとします。子どもまで例えに入れると複雑になるので、この関係だけで考えてみましょう。父が亡くなりました。喪主は母です。家制度が存在したときは、長男が喪主でした。

喪主の次に焼香するのは、だれでしょう。第一子女性となっているでしょうか。第二子男性が喪主の次に焼香をしているのではないでしょうか。家制度がなくなった現在、第一子女性が喪主の次に焼香するのがよいと思います。そして、第二子男性、第三子女性の順にし、それぞれの配偶者が続きます。または、第一子女性、その配偶者、第二子男性、その配偶者、第三子女性、その配偶者でもよいと思います。これなら家制度的なものは払拭されますし、男性中心でもありません。

コロナ禍で増加した家族葬・直葬

２０２０年から始まった新型コロナウイルスのパンデミックは、感染者の増加とともに多くの死者を出しました。衝撃的なニュースは、２０２０年3月29日の志村けんさんの死でした。彼が有名な現役の芸人であり、70歳という年齢もさることながら、彼の死の直前も直後も身近な人が彼の傍らにいることを許されなかったことです。

亡くなる人の前後の状況が、コロナ禍で一変しました。入院先の病院へ見舞うこともできない、遺体に触れることさえ許されなくなりました。荼毘《だび》に付すとき、棺に記念のものを入れるとか花を添えることも許されず、火葬場にも参列できず、親族は遺骨を受け取るだけでした。彼の死は、日本中の人々に新型コロナウイルスによる死がそれまでの死とは異なることを知らせました。

また、葬儀のかたちが変化し、密を避けるため多くの人の参列が不可能になりました。志村けんさんの葬儀は身内だけで行われたのですが、彼の知名度などからすれば、それはコロナ禍の死でなければ考えられないことです。

葬儀のかたちが一変したことが分かる結果が出ています。

表１　一般葬と家族葬の推移

	一般葬	家族葬	直葬
2015年	58.9%	31.3%	5.9%
2017年	52.8%	37.9%	4.9%
2020年	48.9%	40.9%	4.9%
2022年	25.9%	55.7%	11.4%

出所：鎌倉新書「第５回お葬式に関する全国調査（2022年）」

表２　葬儀にかかる費用の推移

	葬儀費用	飲食費	返礼品	合計
2013年	1,303,628円	337,195円	388,197円	2,029,020円
2015年	1,189,681円	305,402円	344,652円	1,839,735円
2017年	1,171,111円	292,946円	318,459円	1,782,516円
2020年	1,191,900円	313,800円	337,600円	1,843,300円
2022年	678,000円	201,000円	228,000円	1,107,000円

出所：鎌倉新書「第５回お葬式に関する全国調査（2022年）」

一般葬と家族葬の推移をみてみましょう（表１）。

２０２２年に一般葬と家族葬が逆転し、家族葬が圧倒的に多くなっています。コロナ禍が影響していることは一目瞭然です。「家族葬」とは親しい人のみが参列する葬儀のやり方です。

もう一つ注目できるのは、「直葬」が増えていることです。２０２２年には11・４％に増えています。それまでが４～５％台だったことを考えれば、倍増です。

「直葬」とは、葬儀を行わず、

亡くなった場所から自宅に帰る場合もありますが、焼き場に直行する形式です。コロナ禍で葬儀が行えなかった事情もありますが、葬儀をしないことも増えています。

では、それに伴う経費をみていきましょう（表2）。

２０２２年の葬儀費用が10年前からすると、およそ半額になっていることが分かります。２０２０年と比較しても、ずいぶん安くなっています。ここにもコロナ禍が明らかに影響しています。

死者を弔うということ

わたしは葬儀をしてもらいたくないと思っています。つれあいを直葬で送ったように、わたしも直葬にしてもらう予定です。ただ、これはわたしの願望であり、残された弟や甥が実行してくれるかどうかですが、大丈夫だと思います。遺骨も当然拾ってもらいません。

葬儀の問題が新聞の一面を使って考えられる時代になりました。２０２３年1月22日の朝日新聞は、「葬式　わたしはこう考える」として大きく取り上げました。孤独死や無縁死が存在することの問題を取り上げています。亡くなった人を弔わない社会は個人が尊重されないといい、「亡くなれば、誰であっても尊厳をもって弔われる仕組みを、社会として

表3　どのような葬儀をしたいか

	A	B
地域社会や会社などの主催で大規模な葬儀をする	2人	1人
自宅や病院から直接火葬場に運ぶ直葬をする	14人	37人
友人、知人らを呼んで一般的な葬儀をする	23人	9人
家族や親族だけの身内で行う家族葬をする	63人	38人
生きているうちに友人、知人を招いて生前葬をする	（設問に選択肢なし）	8人
まだ考えていない	5人	8人
その他	7人	14人

出所：2023年1月22日付朝日新聞

どう作っていくのか」という提言が行われています。そして、いろいろな人の意見が紹介されています。

二つの問いがあり、「家族の葬儀をどのように行いたいと思いますか？」（A）、「自分の葬儀をどのように行ってほしいですか？」（B）です。結果は表3の通りです。

家族の葬儀については家族葬が圧倒的に多く、自分の葬儀については家族葬と直葬が同じほどの人数です。

葬儀のあり方を変えたい、または葬儀はしなくてもよいと考えているわたしが提言できるのは、葬儀を根本から考えてもらいたいということです。朝日新聞には「亡くなった人を弔わない社会は個人が尊重されない」と書かれていましたが、ほんとうにそうでしょうか。

葬儀という儀式を行うことを「弔う」と考えるなら、まずは、「弔う」ことから考えてみましょう。現在は「とむらう」と読んでいますが、もとは「とぶらう」でした。『広辞苑』には、「①人の死をいたんで、喪にある人をたずねて慰める、弔問する。②亡き人の冥福を祈る。法要を営む」とあります。

葬儀をするとは記していません。亡き人の冥福を祈るのに儀式が必要だ、とは考えられていません。現在の「弔う」は、①②の両方の意味で使われています。

亡き人を弔う方法をもう一度考えてみませんか。①のために葬儀があり、そこに弔問してくれる人がいるのは、亡くなった人のためではありません。「喪にある人」のためです。「法要」は葬儀ではありません。

葬儀という形式にこだわらなくても、喪にある人を慰めることはできます。

「死者を礼拝《らいはい》しない」とした親鸞

遺骨を拾わない問題や葬儀の問題を考えるとき、わたしがよりどころとするのは、親鸞の思想です。

親鸞は、「父母《ぶも》に向かひて礼拝せず」といっています。親鸞の主著である『顕浄土真《けんじょうどしん》実教行証文類《じつきょうぎょうしょうもんるい》』（通称『教行信証《きょうぎょうしんしょう》』）証巻に出てきます。また、この意味は『歎異抄』の「親鸞は、父母《ぶも》の孝養《きょうよう》のためとて、一辺《いっぺん》にても念仏まふしたること、いまださふらはず」（第五章）と同じ意味です。

「礼拝しない」ということは、どういう意味でしょうか。親鸞が『教行信証』を書き始めたといわれる50歳を過ぎた頃、両親が生きていたとは思われません。だから生きているときの孝行ではなく、亡くなったあとの孝養です。それは、死者供養の意味です。それを親鸞はしないというのです。

親鸞にとって人生のなかで大事な人は必ずいたと思いますが、父母も大事な人だったと思います。9歳で出家し、比叡山で修行をしていますから、長い間両親と生活をともにしたわけではありませんが、父母を大切な人と思っていたと思います。実際にそのことについては書いていないので分かりませんが、亡くなった人を「礼拝しない」として父母を挙げていることは、大きな意味があると思います。

親鸞が亡くなった人を「礼拝しない」ということを、わたしたちはどう受け止めたらよいでしょうか。亡くなった人に対して「礼拝しない」というのは、形式的なことをしないことだとわたしは受け止めています。死者儀礼に意味を見出さないという考えとして捉えたいと思います。

親鸞の死後、教団ができ、近世の檀家制度によって葬儀をするのを、仏教があたりまえとしてきましたが、親鸞の思想には葬儀を行う仏教はなかったのです。信心を求める仏教の道を歩むことが、親鸞が考えていた求道でした。いつの世も亡くなる人がいて大切な人の死に遭遇します。その人との別れの儀式はあったし、悼む心は当然あったでしょう。しかし、近代以降の仏教が行ってきた形式的な葬儀を行っていたのではなかったのです。

今一度、葬儀について考えてみませんか。現実に行われている葬儀は、調査の結果、半数以上の人が「家族葬」を行っています。また、アンケート結果も「家族葬」を考えている人が多いです。それは、コロナ禍で家族葬が中心になったからであり、自分できちんと考えたうえでのことではないと思います。

そのことは、多くの人がしているからとか、現在はこれが主流だからという理由ではないでしょうか。一度葬儀そのものについて考えてみることが大事だと思います。これは、家族のだれかが亡くなってからでは遅いです。まして、自分が死んだあとにどういうかたちで送ってほしいかを考えるのは、元気に生きているときしかできません。

葬儀の仕方を普段から考えておくこと

葬儀をするとして、これまでの葬儀のあり方で変えたほうがよい慣習とはなんでしょうか。多くの人が疑問を持たず、また葬儀は人生のなかで非日常のことなので、考えてこなかったと思います。

しかし、葬儀を経験してみると、葬儀が終わってからいろいろな思いがおきてきます。わたしがこれまで聞いてきたことで不満だった内容というのは、多くがお金の問題です。自分が主催者なのに予想していたよりも多くの支出になることがもっぱらです。葬儀社から見積もりが出て、それで了解したはずなのに、実際の支払いがそれを上回っていたことも多々です。支払う段階では文句のいいようもなく、仕方なく求められた金額を支払うことになります。お金の文句が出ないためには、まずは、葬儀社にすべてを任せることをやめることです。

かならず見積もりの段階があります。それは、祭壇から棺、死に装束から僧侶への布施・交通費など細かい決定をしなければなりません。そこで見栄をはる必要があるでしょうか。だいたいの全体額を決めておけば、高いものを提案されても迷うことはありません。

それは、葬儀に普段から関心を持ち、どのくらいかかるかを知っておくことが大前提となります。元気なときに葬儀に関心を持つことが大切です。

わたしの友人が夫を亡くしたときの霊柩車の例があります。友人は霊柩車については安くてよいと考えて選んでいたのに、そこに親戚が口を挟んできました。高い霊柩車を指定したのです。口を出した親戚がお金を出してくれるならそれで納得しますが、払うのは親戚ではありません。結局、親戚の人のいう通りになり、彼女が高い霊柩車代を払いました。彼女の意図と異なることになり、彼女はグチをこぼしていました。

また、葬儀社はいろいろなものを勧めてきます。「ここにお花はいかがでしょうか」「祭壇はこの程度のものが多く出ています」などのいい方は、安いものを選ばせない商売上手な口調です。弔いごとですから、「けちる」のに心苦しさを感じ、ついつい葬儀社の提案に乗ってしまいます。世間体もあり、「見栄」をはりがちにもなります。見栄をはらないで自分が納得するものを選ぶことが大事です。それらをわきまえて、「あとからグチをいわないために…。文句をいわないために…」と自分にいい聞かせるほうがよいと思います。

無宗教の葬儀のすすめ

葬儀をすることのメリットは、参列する側からいうと、別れができるということだと思います。葬儀という儀式に参列することで、けじめをつけることができます。主催者側からしても、葬儀に参列してもらうことで、あとあと家に弔問に来てもらうこともありません。

では、そのメリットを活かしてこれまであまり行われてこなかった無宗教の葬儀を考えてみてはいかがでしょうか。

あたりまえではない葬儀に、主催者が変えていくのです。それは、檀家制度下で葬儀をすることをあたりまえにしてきたことへの反省でもあり、葬儀社に一任していた反省でもあります。都市部から檀家制度が崩れていますが、地方へ行くと、まだまだ檀家制度は生きています。

仏式にこだわらない、檀家制度に縛られない葬儀として、無宗教の葬儀を提案したいです。それはまた、葬儀社まかせだった葬儀からの転換です。まず、場所が葬儀社の会館ではありません。

有名人の告別式を考えたらよいと思います。多くが宗教色を抜いた告別式です。それをごくごく小さくした葬儀を想定してもらえば、想像がつくでしょう。

亡くなった人、あるいは遺族が希望すれば、どこの場所でもできます。例えば、わたしのマンションには集会室があります。その集会室で読書会を毎月1回行っていますが、葬儀で借りることも可能です。マンションの住民なら、1時間200円で借りることができます。住民でない場合は1時間500円です。場所代が格安です。借りるときに理由が必要ですが、「お別れの会」でよいでしょう。

わたしがこのマンションに引っ越して来る前には、このマンションで葬儀が行われたと、実際に参列した人に聞きました。遺体も集会室に運ばれ、葬儀社が祭壇を用意し、葬儀会館の規模が小さい感じに様変わりしたそうです。そのときは僧侶も呼ばれました。こうした葬儀が何回か行われていて、近所の人もお参りしやすかったし、遺族も近くで便利だといわれていたそうです。

無宗教ですから、人が集まるだけです。遺体を置く場合、遺体を置いてはいけない規則はありません。遺体を置くのがはばかられるなら、有名人の告別式のように遺骨を置くことのほうが場所を取りません。今後、各地にある男女共同参画センターで葬儀が行われることを期待したいです。借りるのが格安ですし、公共の場でお別れの会ができるからです。

それは、センターを活用するよい理由になると思います。

無宗教ですから、祭壇も焼香もいりません。遺体だけで充分ですが、何がほしいかは亡くなった人が望むものです。遺影を用意してほしいという人には遺影を。花を用意してほしいという人には花を。元気なときに愛用していたギターを傍らに置いてほしいという人にはギターを…。すべて叶えることができます。亡くなった人が主体になる葬儀です。どんなものであっても、亡くなる前にいろいろ考えることができます。

亡くなった人が参列者を決めておけば、そんなに多くにはならないでしょう。家族や親しかった人が故人を偲んで思い出を語る時間は充分にあります。何がなくても、きちんとした別れができます。よくよく考えれば、葬儀社を必要とするのは、焼き場に連れて行ってもらうためだけです。

無宗教でするなら、わたしは遺体や遺骨がなくてもよいと思っています。飲み友だちが亡くなり、彼の妻と友人二人で、お昼を食べながらささやかな偲ぶ会を行ったことがあります。その飲み友だちの場合は葬儀が行われました。友人とわたしは葬儀に参列できなかったのです。彼の妻が夫の小さめの写真をもってきたので、写真を前にして献杯しました。食べながら彼の思い出話が充分にでき、きちんとした別れができました。

無宗教は亡くなる人が主体になれます。なぜなら、生きているときに葬儀を考えられるし、計画を立てることができるからです。そして、葬儀社主導ではないから、どんなことでも可能な限りのことができます。日本で、政治家や芸能人の派手な無宗教の告別式が多くありますが、小さな小さな無宗教の告別式が少ないのが不思議でなりません。

結婚式はしないのに葬式はする？

有名人の派手な結婚式がテレビで放映された時代がありました。大きなケーキが目立ち、有名人が集まり、視聴率がとれるから放映されました。当時は、結婚式は行うものというあたりまえの感がありました。結婚式も葬儀社と同様、商業化に乗り、教会で式を挙げ、ホテルなどの会場で披露宴を行うので、ブライダル業社が潤っていました。

現在、有名人の結婚の報告が新聞には載りますが、結婚式を挙げていない有名人が多くいます。まして、テレビ放映などはまったくありません。コロナ禍の影響もあると思いますが、派手な結婚式を挙げることがあたりまえではない時代になりました。

一般の人も結婚式を挙げない人が多くなってきました。式を挙げる人もいわゆる「ジミ婚」になっています。それは、集まる人の数が少ないことも意味しています。なぜでしょうか。

高いお金を出して挙げる結婚式のメリットがないことに気づいたからでしょう。結婚したことを知らせるだけでよいと考えるようになってきたからともいえるでしょう。

結婚式を挙げなくなってきたことに比して、葬儀はなぜするのでしょうか。「直葬」が急激に増えているわけでもありません。先に紹介した朝日新聞のアンケート調査にも「葬儀をしない」という項目は載っていません。「その他」に入るのでしょうが、項目として載らないのは、「葬儀をしてあたりまえ」という感覚がまだまだあるということを意味しています。

「人の死は葬儀をして送るのがあたりまえ」とされてきました。結婚も知らせなければならない人には知らせます。死も知らせなければならない人に知らせるだけでよいと考えるのはおかしいでしょうか。

葬儀をしなくてもよい選択肢があってもよいと思います。葬儀をしないことがなぜ選択肢に入らないかを考えることが大事ではないでしょうか。

不安や何か悪いことがおこるかも知れないという怖さや祟《たた》りなどにまだ縛られているのではないでしょうか。結婚式はしなくてもそういうものに縛られません。葬儀は「死」に関係するので、そういうものに縛られているのではないでしょうか。

「悪いことをすれば、バチがあたると思いますか。そうは思いませんか」という調査があります。少し古い調査（1981年）ですが、ご紹介します（藤原聖子編著『日本人無宗教説』筑摩書房）。

バチがあたる	72%
そうは思わない	22%
その他・答えない	6%

「バチがあたる」と考えている人が70%を超えています。死にかかわることもこういう日本人の意識が根底にあるので、葬儀をあたりまえにすると考えられます。「バチがあたる」「祟る」などの意識から解放されることがいかにむずかしいかを示しています。わたしは、葬儀をしないことでバチがあたるとは考えていません。バチを与えるだれかも分からないことは、信じなくてもよいのではないでしょうか。

3章　戒名とお墓の問題

戒名とは何か

戒名とは、戒を授けて名を与えることです。戒を授けるとは、仏教徒が守るべき規律を授けることであり、名を与えるとは、仏教徒としての新しい名前を授かることです。つまり、仏門に入ったことを意味します。戒名は仏教徒、仏の弟子になった証として授けられます。亡くなった人に授けるということは、死後に出家させるという意味があるわけです。

現在、戒名は亡くなってから「もらうもの」と多くの人が理解しています。だれから「もらうもの」なのでしょうか。多くの場合、菩提寺の住職からです。ちなみに、浄土真宗では戒名といわず、法名といいます。

以下、戒名について考えてみましょう。

戒名の意味が分かれば、自分にとっての「戒名とは何か」を問うことができます。これまで通りなら、なされるがままの戒名です。亡くなってから授けられることで満足していれば、それでよいでしょう。しかし、現実には「戒名料が高い」「戒名が気に入らない」などの文句やグチが出ています。つまり、戒名について、不満があることが分かります。

実は、わたしは法名を持っています。得度をしたからです。しかし、仏教徒になりたい、得度したいとわたし自身が決意して授けられたものではありません。だから、後ろめたい気持ちがあります。多くの人が戒名は死んでから授かるものと思っていますが、その人たちと違うのは、わたしは法名の意味を知っているにもかかわらず、そして自らの発心ではないにもかかわらず法名を授かっている点です。その分、罪は深いかも知れません。

浄土真宗では得度して法名を授かります。「得度」こそ仏教徒であり、仏の弟子として生きることを意味します。ところが、わたしの得度にはその意味がありませんでした。以下、その事情・経緯を記します。

寺の住職と坊守《ぼうもり》だった両親にとってわたしは「よい子」でした。そのわたしがフェミニズムに出会い、ジェンダーの視点で生きることを決意し、信心は持たないと決めることになります。そのときから、親不孝の娘と化したのです。

1990年、『性差別する仏教』（法藏館）と名づけた本を友人三人で著しました。娘が本を著すことをよほどのことがない限り、親は喜ぶと思います。ところが、わたしの場合は違いました。内容は、仏教のなかには女性差別があるという仏教批判だったからです。

できあがった本を親に送りました。父は受け取ったとも伝えてきませんでした。娘の本を喜ぶことなどできず、むしろショックだったのでしょう。その本の出版以後も、わたしはジェンダーの視点から仏教のなかの女性差別について本や雑誌などで書き続けてきました。そして、「読んでくれたら」との思いを込めて、両親に送りました。しかし、生家に帰省して、本箱に積ん読されている光景を目にしました。やはり、ショックでした。

あまりに親不孝なので、父の要望に何か応えたいと思い、あるとき、父に「わたしに何かしてほしいことはない？」と尋ねました。「いっしょに旅行をしてほしい」「酒を飲みに行きたい」「プレゼントしてほしいものがある」とかを予想していました。

ところが、父が即座に答えたのは、「得度」でした。わたしはものすごく驚きました。まったく予期しないことでした。すぐに嫌だという思いがおこりました。しかし、約束は約束です。仕方がありません。約束を守ろうと思い、得度することを決めました。こんな不純な気持ちで得度をしてはならないのですが。

浄土真宗本願寺派の得度は、仏教徒になるための10日間の習礼《しゅうらい》（僧侶になるための習《なら》いごと）です。やりたくないことをするのは、ほんとうに辛いものです。お経は子どもの頃から読んでいたので、そんなに苦痛ではなかったのですが、講義がしんどかったです。講義は、大学院での師である信楽先生の講義を受けていたわたしの仏教理解や親鸞理解と違うのです。教団が発する仏教の教えであり、親鸞の教えです。その違いが分かりますし、その葛藤たるや、実に辛いものでした。質問して嫌われたくないので、我慢だけの10日間でした。なんとか無事に終え、わたしは自分で決めた「香淳」という法名を授かりました。

父が喜んだことはいうまでもありません。この得度で、父は、わたしの変化を期待していたのでしょう。父が望んだ得度ぐらいでわたしの生き方や考え方が変わることはありませんでしたが、父の想いだけは伝わってきました。

話が横道にそれました。戒名は、死んだらいただくものと思われていますが、本来は、仏教徒として生きていく覚悟を持って授かるものなのです。

戒名はいらない

戒名が使われるようになったのは近世です。当時も亡くなった人に授けていたそうです。

戒名が生きているときに授かるものなら、そして仏教徒になる証として授かるものなら、みなさまはどうしますか。戒名の有無にかかわらず人は死にます。そして、戒名がなくても弔ってもらえます。弔いの際は、生きているときの名前で充分です。そうだとしたら、「戒名はいらない」となってもかまわないのではないでしょうか。

そもそも戒名にお金を出すことに問題があるとは思いませんか。院号をつけたければ値段が上がるというのも、亡くなった人にランクをつけることになります。仏教は亡くなった人を差別する教えということになります。戒名を授ける人は僧侶です。仏教徒である僧侶が、亡くなった人を差別してよいのでしょうか。

院号とは、もともと天皇につけられたものが、一般の人にもつけられるようになった歴史があります。天皇がつけていたものと同じものがほしいという考えは、どこから出てくるのでしょうか。

生きているときの名前がどうしても気に入らなかった、その名前によって傷つけられたなどという人は、自分が納得する名を自らがつけるという意味で戒名をつけてもよいかも知れません。

そういう特別の理由がない限り、亡くなったあとも生きてきた名前で充分ではないでしょうか。それを一般に「俗名」といいます。よくよく考えれば、俗名という言葉を使う必要もないと思います。聖俗をつける考えもなくしていきたいものです。

２０２３年10月、わたしの知り合いの住職が亡くなりました。彼の法名は生きているときに使っているものと同じでした。読み方もまったく同じで、いわゆるお坊さんらしくない名前のままでした。彼の生き様であり、法名の意味を示されたと思いました。

お墓とは何か

お墓とは、遺骨を納める場所・施設という意味があります。１９４６年に制定された「墓地、埋葬等に関する法律」（略して「墓地埋葬法」）の定義からすると、「墓地」とは、「墳墓を設けるために、墓地として都道府県知事（市又は特別区にあっては、市長又は区長。以下同じ。）の許可を受けた区域をいう」と定められています。「墳墓を設ける」とありますから、お墓というときには、正しくは「墳墓」ということになります。その「墳墓」は、「死体を埋葬し、又は焼骨を埋蔵する施設をいう」と同法に記されています。

現在は遺骨を埋蔵していることがほとんどですが、遺骨ではない時代では、遺体を埋葬する場所でした。どこに埋めたかが分かる意味で、墓石を立てたのです。

遺体をどこに埋めたかを記憶しなくてもよかった時代がありました。両墓制の時代です。埋める墓と参る墓が二つあったのです。埋める墓は朽ちてしまいます。どこの場所だったか記憶にとどまりません。遺体そのものを大事に考えなかったといっても過言ではないでしょう。土葬がほとんどでしたから、遺体は「土に還る、自然に還る」という考え方もできます。

一方の参る墓は詣《まい》り墓《ばか》ともいい、そこに魂があると考えるのです。この「魂」が問題になります。肉体がなくなっても霊魂は残ると考えるからです。その意味で、霊魂の存在を肯定していたといえます。

とくに日本では、霊魂を大事にしてきた歴史があります。そもそも仏教では霊魂を否定していますが、日本の仏教は否定していません。だから、お盆に先祖が還ってくるとか、死者に見守ってもらいたいとかの考えが出てきます。亡くなった人が見守ることはできませんが、霊魂の存在を認めているからできると考えているのでしょう。お墓に遺体を埋めても遺骨を埋めても死者とつながるのは、霊魂とつながると考えるからだと思います。

秋川雅史が歌ってヒットした「千の風になって」は、次のような歌詞です。

私のお墓の前で　泣かないでください
そこに私はいません　眠ってなんかいません

千の風に
千の風になって
あの大きな空を
吹きわたっています
秋には光になって　畑にふりそそぐ
冬はダイヤのように　きらめく雪になる
朝は鳥になって　あなたを目覚めさせる…

「お墓にいない」と歌ったのに、これだけ流行ったのは、「大きな空を吹き渡っている」という霊魂を否定していないからです。亡くなったあとも霊が働き続けているのです。お墓に遺体がなくても、遺骨がなくてもかまわないということです。お墓は死者とつながる場所であるという意味です。戦死者で遺骨も帰らなかった人のお墓ができたのも、霊魂を肯定するからお墓を建てることができたと考えられます。

お墓は、人間と動物の違いを表してきました。死のこと、死後のことを考えることができる人間ならではの文化ともいえます。死について考え、死体の処理を時代とともに人間が考えてきたのです。

現在のお墓の原型は近世だといわれています。檀家制度ができた時代です。1831年に「墓石制限令」が出されました。庶民がお墓を建てるときの高さなどを定めたものです。土葬をして、墓石や卒塔婆《そとば》を置きました。亡くなった人を埋めた場所を記憶するためです。一度埋めたらそれきりだった時代とは違います。

死者の供養が庶民の間でも行われるようになりました。これは、檀家制度と深い関係があると考えられます。お寺は寺請証文（前出、2章参照）を出すこと、「戸籍係」をすることに加えて、死者の葬儀と供養を行うことになりました。「葬式仏教」といわれる始まりでもあり、墓参りも行われるようになっていきます。

ところで、わたしたちが一般的に考えているお墓は「墓地埋葬法」に沿っています。しかし、新しいお墓のスタイルが登場しました。それが納骨堂です。「墓地埋葬法」には「納骨堂」の意味として、「他人の委託をうけて焼骨を収蔵するために、納骨堂として都道府県知事の許可を受けた施設をいう」と記されていますので、各地でつくられた納骨堂はお墓の意味を持っています。「埋葬法」は1946年に制定されていますから、当時すでに納骨堂が存在していたことが分かります。

霊魂の存在を信じる日本人

霊魂の存在を信じる日本人は、お墓が必要であり、死者とつながる場所だと捉えてきました。霊魂を信じないわたしには理解できないことですが、データははっきりと日本人の霊魂観を示しています。

少し古いデータですが、「人間の魂は、死んだあとも残ると思いますか。そうは思いませんか」という1981年の朝日新聞の「宗教心と日本人」の調査による問いです（前出『日本人無宗教説』）。

残る　60％
そうは思わない　30％
その他・答えない　10％

60％の人が霊魂は残ると考えています。調査から40年以上経っていますが、現在でもそれほど変化していないと思われます。

同調査でもう一つ興味深い問いは既述しましたが、「悪いことをすれば、バチがあたると思いますか。そうは思いませんか」です。「バチがあたる」と回答した人が70%を超えていました。

「バチがあたる」のも、だれがあてると思っているのかが分かりませんが、霊魂や先祖の霊の働きがあると信じていれば、その報いもあると信じられるのでしょう。だから、葬儀の弔辞でよく述べられるのが、亡くなった人への「見守ってください」か、または「見ていてください」というお願いや決意の言葉です。そこには死者と約束する思いが発せられます。まさに死者とつながっているのです。

墓参りはいつから始まったのでしょうか

お墓は非常に早くからつくられていましたが、現在のような彼岸やお盆の墓参りはいつ頃から始まったのでしょうか。

一般庶民がお墓を建てられるようになったのは、先述した「墓石制限令」が出された1830年代以降です。江戸時代も後期になってからです。実際に墓参りが行われるようになるのも、庶民がお墓を建てることができたからです。

また、先祖・遺骨・墓参りをセットで大事なものとして思うようになったのは、国家の力によると思います。近代の家制度と戦争です。既述した家制度は、天皇制国家を支えるものとして家族がいかに大事かを法制化しました。現在の家族が成り立つには、先祖からの継承があるからという考えから、先祖が大切だと教えました。天皇家がアマテラスから続き、現在の天皇まで継承してきたように、家族も先祖から続いてきたのです。

そういう家族が天皇制国家を支えるから国家にとっていかに大事だったかが分かります。その家族を継承してきた先祖も大事とされた証は、法制化された祭祀権です。祭祀権についてはすでに述べましたからここでは省略しますが、仏壇・位牌・墓を基本的には長男が継承しました。

墓に刻まれたのは「〇〇家之墓」「先祖代々之墓」だったことからも、先祖を大切にしていたことが分かります。墓参りが行われ、そのうえに、法要も行われるようになりました。先祖供養です。

国家の戦争は戦死した人の霊魂に対して大きな意味を持つことになりました。国家のために戦って亡くなった人を「英霊」として靖国神社に祀りました。靖国神社では、亡くなった人は「霊爾簿《れいじぼ》」に記載されているだけです。遺体や遺骨がなくても「英霊」ですから、「霊」の存在を証明しています。

アジア太平洋戦争のとき、家族への戦死の知らせは、白木の箱に石ころだけ、または何も入っていなくて届けられることもありました。遺族は戦死を受容し、盛大な葬儀をし、立派な戒名（法名）を菩提寺から授かり、過去帳に記し、お墓に刻みました。遺体も遺骨もないお墓にお参りが行われました。そこには「霊」がお墓にあると信じられたからです。お墓は、死者とつながる大切な場所なのです。

日本人の宗教観としての先祖供養を徹底したことで、家制度下で行われていた死者供養、先祖供養が戦後になってもさらに一般的になったと思われます。先祖観が変わらなかったので、先祖供養をする墓参りは途絶えることはありませんでした。お墓は、ともに生活したことも、会ったこともない先祖ともつながっていると考えられました。

お墓の悩み

「終活」がテーマの講座での質疑応答で必ず出るのがお墓の相談です。お墓は、多くの人の悩みの種になっています。簡単に答が出せないのもお墓だからです。

お墓の問題も最近の朝日新聞で取り上げられています。「お墓をどうしますか？」がテーマの記事です。そのなかに、「お墓をどうするかについて、あなたが考えていることに近

表4　お墓をどうしますか？

墓をやめて、樹木葬や散骨にしたい	68人
墓をやめて、納骨堂などにしたい	57人
今のまま実家の墓を引き継ぐ	30人
自分のきょうだいや親類と話し合いたい	26人
子どもや孫らの判断に任せたい	17人
自宅に近いところへ墓を移したい	12人
墓がないので、どうすべきかを考えている	10人
まだ具体的には考えていない	10人
その他	30人

出所：2023年８月27日付朝日新聞

いものを2つまで選んでください」という質問への回答が紹介されていました（表4）。

ちなみに、この回答項目のなかに、「墓はいらない」が入っていません。「墓はいらない」に近い項目として、「墓をやめて～」の項目があります。「墓はいらない」は、納骨堂もいらないし、樹木葬もしないということを意味します。しかし、「墓をやめて、樹木葬や散骨にしたい」「墓をやめて、納骨堂などにしたい」となっています。散骨は「墓はいらない」でいいのですが、樹木葬や納骨堂は正確には「墓はいらない」にはなりません。お墓の定義がいささかあいまいな設問だと思います。

このアンケートからは悩みの具体的な中身は分かりませんが、墓の悩みは多くの人が抱えています。

無縁墓

２０２３年７月24日の朝日新聞に「増える『無縁』苦慮する自治体」の記事が載りました。総務省が３月、47都道府県と全市区町村を対象にして初めて行った調査の結果です。２０１８年４月～２０２１年10月までの間で、死者の引き取り手がなかった数が10万５７７３人でした。そのうち、身元が分からない人は２８５２人、残りは身元が分かっていても引き取らなかった数です。２０２１年10月現在で、市区町村で保管されている「無縁遺骨」は５万９８４８柱だそうです。

一方、総務省は２０２２年２月～２０２３年９月の間、１７１８市町村と東京都を対象に、「無縁墓」について調査を実施しました。その結果、公営墓地・納骨堂があると回答したのは７６５市町村であり、このうち無縁墓のある自治体は58・２％とのことでした。

これほど多くの無縁墓が存在する時代になったことに驚きます。無縁墓は今に始まったことではありませんが、深刻さが増しています。お墓の悩みにもありましたが、お墓の継承者がいない現実を見せつけられます。この先、少子社会のなかで、無縁墓はもっと増えていくのは必至です。

身元が分かっても引き取らない人のほうが圧倒的に多いことをみても、あれだけ大事と思われた遺骨を見捨てているのです。

このような現実を考えるならば、最初からお墓をつくらないほうが賢明ともいえるでしょう。そして、お墓の問題よりも、生きているときの人間関係のあり方を日頃からていねいに考え、育むことが大切だと思います。遺骨を拾わなくても家族を見捨てない関係を生前からつくっていたならば、「遺骨を拾わなくてもよい」と本人が家族に伝えることはできます。生きているときの人間関係ができていなかったら、それは無理です。生きているときの人間関係をどうつくるかがとても大切となるでしょう。

墓じまい

最近一般的に耳にする「墓じまい」とは、墓石を取り除き、埋葬されていた遺骨を取り出し、更地にして、お墓の所有者に返すことです。

２０２２年、全国で15万１０７６件の墓じまいが行われました（２０２３年12月26日朝日新聞）。過去最多の数に上ると記されています。統計を取り始めたのが、１９９７年度からだそうですが、その頃から墓じまいの統計をとるほど目立ってきたということです。

その理由として、「少子高齢化や核家族化に加え、新型コロナの影響で墓参りがしにくい時期があったことや、樹木葬や散骨など改装後の選択肢が増えたことが背景にあるようだ」（同上）としています。

もともとあったお墓がいらなくなったことを表しています。あれほど大切にしていたお墓を更地にすることを、わたしたち日本人が予想したことがあるでしょうか。時代の変化とはなんと皮肉なものでしょう。

墓じまいの理由はどれもあてはまるものですが、墓じまいについてのどの広告もパンフレットも、新しい遺骨の移転先の必要性が書かれています。なぜなら墓じまいをしたときの遺骨が手元に戻され、遺骨の処理先を新たに考えなければならないからです。遺骨を取り出して更地にするのは、業者にやってもらうしかないと思います。しかし、戻された遺骨の処理はそのお墓にお参りをしていた家族がしなければなりません。

遺骨の行き先は、散骨や樹木葬や納骨堂が多いようです。散骨以外は、どの方法もまた遺骨の管理を必要とします。墓じまいをするくらいですから、自分たちが管理できないことを表しています。なのに、散骨以外は次世代に遺骨の管理を任すことになり、問題を残します。

では、次世代が遺骨の束縛から解放される方策である散骨について考えましょう。

遺骨は決められた以外の場所に埋蔵すると罪になります。既述しましたが、刑法190条の「死体、遺骨、遺髪又は棺に納めてある物を損壊し、遺棄し、又は領得した者は、3年以下の懲役に処する」の遺棄にあたります。

ところが、遺灰は異なります。遺骨と遺灰はまったく違い、散骨は遺灰としてまかれます。遺灰はパウダー状になったものです。墓じまいで受け取った遺骨をパウダー状にするには、自分ですり鉢やコーヒーミルですることもできます。

遺灰をまくことについて、現在、国の見解は、1998年6月に法務省が非公式ですが、散骨は節度をもって行えば処罰の対象にはならないとしています。それならば、海、山、川、自宅の庭など、他人に迷惑をかけない場所なら遺灰をまくことができます。

ただ、墓じまいで受け取った遺骨を散骨にしないで、他の場所にも移管しない方法があります。火葬業者に火葬してもらい、その遺骨を拾わないことです。それは再火葬になりますので、その条件をクリアするのがむずかしいです。再火葬の条件は、土葬だった場合がもっとも可能性が高いです。その他、焼き方がきちんとできなかった場合がありますが、それはほとんど考えられません。先祖のお墓ですから、土葬の可能性が高いので、再火葬をしてもらうことができます。その際、「墓地改葬許可証」「埋蔵証明書」「死肢等火葬許可証」を必要とします。お墓がある市町村か住んでいる市町村の役所に問い合わせてください。

再火葬が実現できれば、そのとき遺骨を受け取らないという選択ができます。またはそのときに遺灰にしてもらって散骨をすればよいのです。

お墓の悩みの具体例

以下、お墓のいくつかの悩みを、質疑応答の形式で考えてみたいと思います。

① 家族が亡くなり、お墓をどうしようかと悩んでいますが…。

家族のなかで初めての死者が出たときにおこる問題です。お墓のことなど考えていなかったからです。お墓がないから、お墓をどうしようかというのは、お墓を建てるべきかやめるべきか、やめるならどんな方式にするかの悩みです。

これは、だれかが亡くなるとお墓が必要という前提があります。まずは、お墓がほんとうに必要かどうかを考えることから始めましょう。お墓が必要と考えるなら、なぜ必要なのか、その理由を納得するほうがよいと思います。

今どき、お墓は安い買いものではありません。その経済的余裕があるかどうか、そして、余裕があり、お墓を建てるとなれば、どのくらいの値段のお墓、場所、家族の墓参りが可能かどうか、今後だれが管理するのかなどを検討して答を出していかなければなりません。それらがクリアされて初めて購入できます。だれかが亡くなってからでも遅くはありません。お墓への納骨を急ぐ必要はないからです。でも、家族が元気なときに話し合い、決めておいたほうがよいでしょう。

お墓とは別の方法として、納骨堂や永代供養や手元供養などいろいろな方法がありま す。それらを調べ、どれにするかを考えればよいことです。

わたしが一番お薦めするのは、きちんと考えたうえで、お墓はいらないという選択をすることです。では、持って帰った遺骨をどうするかが問題になります。持って帰ってしまった遺骨は散骨をする方法がよいと思います。

つまりは、遺骨が問題となるのです。なので、結論からいいますと、拾わないのが一番です。

② お墓が遠くて墓参りに行けません。どうしたらよいでしょうか？

老いていけば、何ごとも一人ではできなくなってしまいます。それでも暮らし慣れたわが家で最低限のことができるまでは生活したいものです。お墓が遠くにある場合は、だれかの手を借りなければ墓参りに行くことはできません。

どうしたらよいのでしょうか。だれかの手を借りなければ行けないならば、行かなくてよいと決断することが一番です。頼める人に代わって行ってもらうこともできます。しかし、いずれもむずかしいでしょう。

墓参りに行けない人は、なぜ困っているのでしょう。お墓に自分の大切な人がいると思っているからでしょうか。墓参りをするのがあたりまえのことと思っているからでしょうか。墓参りをしないと祟るとかバチがあたると思っているからでしょうか。荒れ放題のお墓を手入れしなければならないと思っているからでしょうか。

自分のことは自分で答を出すことが一番大事です。祟るとかバチがあたると考える人は、その理由を徹底的に自分自身に問うてほしいです。また、自分が尊敬する人の意見を聞いてみたらどうでしょう。わたしは、祟るとかバチがあたるというのは迷信だと思っています。だれかがつくったつくりごとです。なぜそういうものがつくられたのでしょう。それは、そういう迷信によって都合がよい人がいるからです。迷信を頼りにする考え方を一歩踏み込んで考え直してほしいと思います。

同じことは、今でもカレンダーに記されている「六曜」を信じている人がいることです。「六曜」も迷信です。とくに、「友引」「大安」に影響されている人がいます。これらのことは拙著『自分らしい終末や葬儀の生前準備』(2017年、あけび書房)、『仏教における女性差別を考える』(2020年、同右)に詳しく記していますので、ご参照ください。

お墓に自分の大切な人がいるから、その人が待っているから、霊があるからと信じている人は、大切な人は、ほんとうにお墓にいるのかと問うてみませんか。そこには遺骨があるだけです。遺骨とは何かを考えましょう。

お墓に行っても、大切な人は実はいないのです。歌にもあるではありませんか。「そこにわたしはいません」と。では、どこにいるのでしょう。あなたのなかにいるはずです。墓参りはあたりまえだと思っていたことを再考しましょう。あたりまえをもう一度考えてみてほしいです。

お墓の大きな問題は、草ぼうぼうの荒れ放題になることです。また、そのお墓の所有者が分からなくなることです。お墓を管理するところに連絡をとり、お墓の掃除をしてもらうことを頼みましょう。掃除代はもちろん出し、きれいになれば安心です。

自分が行けないならば、次の世代である子どもも行けなくなる可能性は高いでしょう。そうであるならば、自分が元気なうちにそのお墓をどうするかを考え、決めておくことが大切です。

③ お墓の継承者がいません。どうしたらよいでしょうか？

お墓があるかぎり必ず管理する人が必要です。管理する人がいないお墓は問題です。管理してもらう人がいなくなる場合は、そのお墓を処分しなければなりません。その方法は、お墓の移動、あるいはお墓をなくすことです。

お墓の移動は、新たな場所でまたお墓を管理しなければならなくなります。管理してもらわないですむのは、墓じまいをして散骨することです。つまり、お墓をなくすことです。それがスッキリする方法だといえるでしょう。

墓じまいについては前述していますので、ご参照ください。

④ 散骨をしたいけど、どうしたらよいでしょうか？

散骨とは、遺骨を粉にして海や山などにまくことです。散骨の利点は、お墓をつくらなくてもよいことです。

持ち帰った遺骨を自分で粉にできる人は自分で粉にします。自分でできない人は業者に粉にしてもらうことができます。どこにまいても問題はありませんが、亡くなった人が場所を指定していたら、そこにまくのがよいと思います。

例えば、海へ散骨する場合、大々的に散骨をしない限り、舟に乗り、ある程度陸を離れたところで散骨すれば、何も問題にはなりません。ただ、自治体によっては散骨を許可していない場所があります。

わたしの友人は夫を亡くしたとき、息子がお墓をつくり、そこに納骨しました。しかし、彼女の夫は生前、生まれ育った故郷の海に散骨してほしいといっていました。彼女は夫のその言葉を覚えていたので、収骨のとき、散骨にする分だけ別に拾いました。そして、すり鉢で粉にし、彼女がその海に行けるときに海岸で散骨しました。だれにも知られず、そっと海にまいたことで、夫との約束を果たしました。

⑤墓じまいでお寺とトラブルをおこしています。どうしたらよいでしょうか？

墓じまいは、そのお墓を必要としなくなった場合に行い、既述しましたように、お墓を更地にしてその所有者に戻すことです。墓石を取り除き、遺骨を取り出し、更地にします。そこまでは業者に頼むしかありません。だいたいの相場が決まっていますが、わたしが聞いただけでも大きな差がありました。相見積もりをすることをお勧めします。

墓じまいの理由はそれぞれの事情があると思いますが、お寺とのトラブルは、お寺の所有地にお墓がある場合です。寺側が墓じまいを許さないときにおこります。墓じまいと同時に、そのお寺と縁を切りたいとき、あるいは檀家から離れるときにお寺がそれを許さないことがあります。しかし、信教の自由があり、檀家制度を盾にお寺が檀家の人を束縛することはできません。檀家制度は法制化されたものではないからです。

墓じまいについてはお寺としっかり話し合う必要があります。それでもこじれる場合は、弁護士などに相談してほしいです。

⑥墓じまいをしたいのですが、業者から「魂を抜いてもらいたい。それをしないと作業に取りかかれない」といわれました。わたしはそういうことを信じていないので、したくありません。どうすればよいでしょうか?

墓じまいは、これまであたりまえのように、「魂を抜く」ことから行われていました。「閉眼供養」といいます。お墓に「魂がある」と信じられていたからです。

相談者は、お墓に魂があると信じていない人です。それなのに「魂を抜く」ことを業者から求められているのです。業者によっては、はじめからそういうことをいわない業者もいますので、そういう業者を探すことです。ただ、地域によってはすべての業者が「魂を抜かないと作業をしない」という場合があります。

わたしは、実際にこの問題について友人から相談を受けました。彼女は魂の存在を信じていない人です。彼女は地域のすべての業者に同じことをいわれ、困り果てていました。

やったことにしてウソをつくことはできないので、彼女は考えました。結論をみつけたのは、自分が所属している宗派のお経をインターネットから引き、お墓の前で流しました。両親のお墓だったので、彼女の妹、彼女の子どもといっしょにお墓で聞いたといいます。「魂を抜く」ために行ったのではないという気持ちは、業者にウソをつかなかったことになりました。その後、業者がきれいに更地にしてくれました。お布施代もいらず、総額17万円ですみました。

以上が、お墓の悩みですが、多くの人が悩んでいることが分かります。お墓が単なるモノではなく、死者が埋葬され、遺骨が納められているからです。

これだけ「厄介もの」にされるお墓をもう一度基本のキから考えたいものです。

仏壇・位牌の問題

仏壇の問題は、墓の問題と似ています。そもそも仏壇は、お寺の須弥壇《しゅみだん》と同じと考えられます。須弥壇とはお寺において本尊を安置する場所のことをいいます。宗派によって仏像は異なります。その須弥壇を家庭用につくったのが仏壇です。仏壇は仏像を安置しますが、仏像の代わりに掛け軸にする場合もあります。

ところが、日本の家庭にある仏壇には、先祖供養の位牌や過去帳を置いている場合があります。だから、先祖とつながる仏壇を大事な場所と考えてきたのです。

次に、位牌とは故人の戒名（法名・法号）、生前名、亡くなった年月日、享年が書かれている木牌のことです。もともとは中国の儒教で使われていました。鎌倉時代、禅宗の僧侶が持ち帰ったといわれています。

現在の位牌は、多くが仏壇のなかに納められています。

阪神淡路大震災がおきたとき、関西大学人権問題研究室の先生が被災されました。家が揺れて大変だったときのことを話されました。「妻はすごいなあ」とまずいわれたのです。何がすごいかの話に周りのわたしたちが耳を傾けると、「自分は長男なので、すぐに位牌を持って逃げようと思った。何よりも大事なものだと思っていたから。仏壇のところへ取りに行こうとしている自分に向かって妻が叫んだ言葉は、『そんなもん、たいしたことないでしょ！　命のほうが大事でしょ！』。位牌をそんなもんで片づけよった。すごいなあ」と。

1990年代に60歳代で、そして長男の自覚を持つ人にとって、位牌はとても大事なものでした。

仏壇にしても位牌にしても、そこに亡くなった人の魂が宿っていると思っているからでしょう。仏壇を安置したあとの開眼法要、位牌に字が書き込まれたときに亡くなった人の魂が入ったと思わされてきたからです。だから、仏壇や位牌が不要になったとき、「魂を抜いてもらう」ことを行わないと、そのまま捨てられないのです。

２０２１年夏に義妹が亡くなりましたが、彼女が息子と住んでいたマンションの荷物が多すぎるので片づけることになりました。２０２２年の秋のことでした。障がいを持った甥と義妹が朝晩手を合わせるためにタンスの上に小さな仏壇を置いていました。魂など入れていません。ただ、仏壇に六字の名号《みょうごう》（南無阿弥陀仏）の掛け軸をかけているだけです。

捨てるとき、弟もわたしもそのまま他の捨てるものといっしょに出しました。そのとき、手伝いに来た人が、「魂を抜いていないのではないですか」といったのです。弟とわたしが同時に「そんなこと、関係ありませんので、捨ててください」と応えました。いわれた人は首をかしげながら、「お寺さんがいわれるから、いいのか…」といって、他のゴミといっしょに車に積みました。

仏壇に魂があるとしたのは、だれでしょうか。そして、それを信じるよう教えたのもだれであったのか、なぜなのか…。

前述しましたが、仏教は、魂の存在をいいません。

4章　遺骨を拾わないということ

遺骨を拾わなかった例

つれあいの遺骨を拾わなかったことを1章で記しましたが、もう一度遺骨の意味、そして遺骨とあわせて遺体の意味も考えてみたいと思います。

わたしは、これまで研究者としても一市民としても遺骨と遺体の二つの意味について関心を持って探究してきました。しかし、わたしが納得するかたちで書かれた文献などを未だにみつけられていません。なぜわたしは納得できていないのでしょうか。

遺体も遺骨もその意味は、あたりまえのこととして次のようになります。「遺体は亡骸」

であり、「遺骨は遺体を焼いたあとに残った骨」です。一般的にはこれ以上の意味は必要ないと思います。

しかし、わたしがこの意味で満足しないのは、遺骨や遺体の意味によってその扱い方に変化を期待できるのではないかと思うからです。

遺骨をどうするかを、わたしはつれあいと二人で真剣に話し合いました。そして、二人が共感している親鸞の思想、そのなかの重要な遺体観によって遺骨を拾いませんでした。親鸞の遺体観とは、既述（28頁）しましたが、「某《それがし》 親鸞閉眼せば賀茂河にいれてうほにあたふべし」というものです。親鸞にとって、遺体は大切にどこかに納められ、祀られるものではなかったのです。

つれあいとわたしは遺骨を拾わないことをお互いに領解し合うことができました。現在の多くの方々に「遺骨を拾わないこと」を勧めたいと思っていますが、親鸞の遺体観によることで遺骨を拾わないことを勧めるだけでは納得していただけないとも感じています。

わたしはこれまで何度かの講演で「つれあいの遺骨を拾わなかったこと」を話してきました。そこで共感するという意見を何人かの方から聞きましたが、その後実際に遺骨を拾わなかった人は一人しかいません。一人でもすごいことだと思われるかも知れませんが、共感できてもやはりできない現実があるということなのでしょう。

収骨をしなかったその女性は、2023年4月に亡くなった父親の死に際して、収骨をしませんでした。彼女は、わたしの考えを聞いていて、わたしの前書『自分らしい終末や葬儀の生前準備』を読んでくださった人でした。そして、遺骨を拾わないという考えに至ったのでした。彼女はこの本を母親に読んでもらい、母親は同感してくれたとのことです。父親が亡くなったときの関係者は、彼女の母親と弟でした。弟とは父親の遺骨を拾ったあとの管理のことを考え、拾わない選択に同意してもらえました。彼女はもちろん墓をつくることはしなくてすみました

もし、わたしの考えを聞いていなかったら、父親の遺骨を当然のこととして拾い、いずれ遺骨の扱いやお墓のことで心配をすることになった、と彼女はいいます。彼女が遺骨から解放されている状況がよく分かりました。収骨しなかったことを、彼女は喜んでいました。その話を聞いて、わたしもホッとし、うれしくなりました。彼女は同じ年の12月、母親を亡くしました。母親の遺骨も父親のときと同じく拾いませんでした。

遺骨とは何か

遺体を粗末に扱おうと思う人はだれもいません。昔から遺体を処理する方法を考えてき

たのが、人間です。人間が死に、生きているときとまったく違う状態になってしまった驚きは、記紀神話にも登場します。遺体に「穢れ」の意味をつけたのも、畏怖として捉えたからです。死体は放っておけば腐っていきます。その形状の変化はみた目がよいものではありません。嫌な臭いも発します。

遠ざけるもの、排除するものとして遺体を扱い、生きている人間から見えないよう処理してきました。埋める、海や川に流す、山において鳥や獣に与える、焼いて遺骨を埋める、焼いて遺灰にして流すなどさまざまな方法がとられました。なかには権力を持った者がそのままのかたちで残そうともしました。

日本は土葬がほとんどでしたが、遺体を焼く地域も早くからありました。遺体を焼く考えは、仏教から継承されてきました。仏教がインドで発祥し、中国、朝鮮半島を通じて日本へ伝わってきたとき、教えと同時にインドで行われていた習俗も伝わってきたのです。インドでは遺体を焼き、聖なる川ガンジス河に流すことをならわしとしていました。

遺体を焼く習俗を日本も継承していましたが、明治政府は当初は火葬を禁じました。それは、仏教に関係することを排し、神道による国家体制を築こうとしたからです。遺体を焼かねばならなくなったのは、土葬にする土地がなくなったこと、そして衛生上、土葬はよくないと考えられたからです。

では、そのときから遺骨はどう扱われていたのでしょうか。土葬では墓石が建てられ、お墓をつくりました。だから、遺骨もそのお墓に納めることになりました。遺骨が遺体と同様に埋められたとき、遺骨はそれほど大切な意味を持ってはいなかったと思います。お墓に納めるという程度ではなかったでしょうか。

現在、わたしたちは、遺骨は大切なもの、粗末には扱えないものと考えています。戦後、遺骨を大切に扱うようになり、それとともに、穢れ観も薄らいでいったと思います。高度経済成長とともに、お墓にお金をかけることが行われました。お墓はある意味のステータスになりました。亡くなってつくるお墓のために貯金の意味があったという時代もありました。

それとともに、お墓に刻む文字も大きな変化を遂げ、「愛」「絆」「心」「安らかに」「旅立ち」「ありがとう」などさまざまな文言が刻まれるようになりました。また、お墓のかたちも和型があたりまえでしたが、洋型や丸型などさまざまなかたちがみられるようになりました。お墓を大事にすることは、遺骨をも大事にしてきたといえます。

戦後、遺骨を大切に扱うようになったと同時に、もう一つ大きなことが遺骨によっておこりました。それは、日本人が遺骨に束縛されるようになったことです。遺骨は納めるものであり、その納める「場所」に束縛されることになりました。つまり、お墓に縛られることです。

遺骨とお墓は生きている人を束縛する意味を持つようになりました。

「遺骨を拾わない・拾ってもらわない」を考える

では、束縛されるお墓・遺骨から解放されることを考えてみることも必要ではないでしょうか。

お墓の問題に悩んでいる人が多いことは既述しましたし、講座の参加者からも、また講座以外からもよく相談を受けます。インターネットでもその悩みが多く見られることからも、多くの人が悩んでいることが分かります。そのことは、つまりは遺骨に束縛されることに悩んでいるといっても過言ではありません。遺骨とお墓は切っても切れない関係だからです。

お墓に縛られて悩んでいる人が多いのは、遺骨に縛られて悩むことでもあります。束縛されるものから「解放」されることは大事なことです。

それではどうしたら遺骨から「解放」されるかです。それを以下、考えてみたいと思います。結論からいいますと、遺骨から「解放」されるための最善の方法は「遺骨を拾わない」ことだと思います。

しかし、「遺骨を拾わないこと」は、そんなに簡単なことではありません。わたしは30代頃から「遺骨の意味・遺骨を拾うこと」を考え続けてきて「遺骨を拾わないこと」に辿りつき、実際にそうすることができました。多くの人は「遺骨を拾うことはあたりまえ」となっています。そこから遺骨を拾わないことへ考えを新たに持つことは簡単ではないでしょう。しかし、悩みを持っているお墓から解放され、次世代の人をもお墓に束縛されないことが約束されます。

ところで、現在、関西の多くの焼き場ではすべての遺骨を拾ってはいません。部分収骨といいます。関東でも部分収骨をする人もいますが、すべての遺骨を拾う（全収骨）のが主流です。

では、拾わなかった遺骨はどこへいっているのでしょうか。この問題を講座で話しますと、ほとんどの人がキョトンとされます。その後、ハッとされます。「うかつだった」「考えたこともなかった」という思いをアンケートに書いている方もいます。ちなみに、わたしが体験した講座では、収骨されなかった遺骨に関心を持つ人に出会いませんでした。

では、拾われなかった遺骨はどのように扱われているのでしょうか。刑法190条には「死体、遺骨、遺髪又は棺に納めてある物を損壊し、遺棄し、または領得した者は、3年以下の懲役に処する」と記されています。ですから、拾われなかった遺骨の処理は、法律に則って、損壊にも遺棄にも領得にも触れないで、決められた場所に納骨されています。領得とは盗むことです。

わたしが拾わなかったつれあいの遺骨もこのような法律に基づいた扱いを受けていますから、法的には何の問題もありません。ただ、つれあいが亡くなった２０１６年まで、わたしがお願いした葬儀社ではまったく遺骨を拾わない経験がなくて、驚かれたのは事実です。今でも覚えていますが、「あなたは何をしている人ですか」と問われました。これまでの人生でそんな問いを受けたことがなかったので驚きました。どう答えてよいか分かりませんでしたが、「普通に生きている者です」と答えるしかありませんでした。

遺骨の扱いいろいろ

ところで、遺骨は拾ったあと、そのほとんどがお墓に納められてきました。しかし、現在はお墓以外のところにも納められています。納骨堂、樹木墓地、永代供養、宅墓（自宅で小さな墓のようなかたちのものに納骨）などいろいろな場所に、いろいろな方法で納骨されています。

これらのなかでは納骨堂が一般的であり、もっとも長い歴史を持っています。「埋葬法」（1946年制定）にも納骨堂について記されています。

納骨堂にもいろいろな形式があります。個人用、夫婦二人用、家族用などがあり、種類も、仏壇型、ロッカー型、墓石型、自動搬送型、位牌型、合葬型などがあります。いずれもお墓よりも格安ですが、遺骨を保管してもらう期間が決まっていますし、管理する必要があります。

そのうえ、納骨堂の建設が相次いだせいで経営不振となり、閉鎖してしまう納骨堂が多発する事態がおきています。そのときのトラブルは深刻です。せっかく納めた遺骨を戻されるのですから、利用する側は悲惨です。

樹木墓地は新しい発想で考えられました。樹木葬ともいわれ、葬儀のあり方でもあります。遺骨をそのまま土に埋めます。そして、そこに苗木を植えます。「土に還る」「自然に還る」という発想です。

納骨とは別の意味を持つ散骨を考えてみましょう。その多くは海にまかれています。散骨は、お墓をいらないと考えるからできることです。遺骨を粉にして海へまくことは、自然に還すという意味もあります。お墓の悩みを解決する一つの方法です。お墓を必要と思わない人にとっては、散骨をすることで解決します。ただ、散骨は遺骨を拾ってくれる人を必要とし、同時にだれかにまいてもらわねばなりません。収骨と散骨を依頼できる人がいないと困ります。既述しましたが、身寄りのない人など、遺骨の引き取り手がない場合もあります。そのケースが現在増えてきています。以上、遺骨の処理についていろいろな場合や方法を考えてみました。収骨と遺骨の処理をだれかに頼まなければならない点は、そのすべてに共通しています。その点で今、多くの方が思い悩み、考えあぐね、戸惑っている状況があると思います。

　ではどうしたらよいのでしょうか。結論からいいますと、「遺骨を拾わない」と決めることが、その点を解消してくれる最良の方法ではないでしょうか。遺骨の管理をする必要もありません。散骨を頼むこともしなくてよいです。だれかの手を煩わすことをしなくてすみます。

「独生《どくしょう》独死《どくし》独去《どっこ》独来《どくらい》」(『無量寿経』――親鸞が選んだ所依《しょえ》の経典)という仏教の言葉があります。「所詮、人間は独りで生まれ独りで死ぬ。この世に独り来たなら独り去る」という意味です。わたしの恩師である信楽先生が色紙によく書かれていました。歳を経ると、こういう言葉が身にしみます。わたしのように独り暮らしをしていると、その実感はよけいに増します。

独りで死ぬのですが、生きている限り一人で生きてはいけません。しかし、人間関係を絶ち、無縁で生きたいという人もいるでしょう。また、うまく人間関係を築くことができず、頼ることさえできない人もいるでしょう。だれかに頼むことができなくても、元気なうちに「遺骨を拾わないでください」と何らかのかたちで残しておけば、例え無縁死であろうと、行政は安心して遺体を扱ってくれるでしょう。無縁遺骨になることはないと思います。

念のため申し上げますと、遺骨を拾ってお墓に納めるなどの方法をまったく否定するつもりは、わたしにはありません。お墓が癒やしになる人、墓参りの好きな人、お墓に行けば亡くなった人に出会えると思える人など、お墓を肯定する人は多いです。それはそれで大事な考えですし、大切な気持ちだと思います。

遺骨・遺灰を拾うかどうかの選択肢の一つに「遺骨を拾わない・拾ってもらわない」も含めたらいいと思いますし、そのような時代になってきていると思っています。遺骨を拾うかどうかはその人それぞれの自由な考え方で行うことができるようになる、それが大切なことだと思っています。

「お墓に入りたくない」が61％

興味深い最近の意識調査があります。２０２３年11月18日付の朝日新聞に掲載された調査結果です（表5）。

「お墓に入りたいですか？」という問いに、「いいえ」と回答した人が61％、「はい」が39％です。

そして、「はい」「いいえ」の理由が挙げられています（複数回答、６位まで）。時代の変化を感じます。

この調査結果をみると、「お墓に入りたくない」ことが群を抜いて多い理由

表５　お墓に入りたいですか？

「はい」の理由	
入れる墓がある	559人
家族、親族と一緒にいたい	344人
残された人の慰めになる	233人
日本の習慣、当たり前	231人
思い出してもらえる	209人
家族のシンボル、よりどころ	192人

「いいえ」の理由	
子孫に負担を残したくない	872人
シンボル、よりどころだと思わない	486人
他の方法を希望	361人
証しを残したいと思わない	348人
お墓がない	339人
墓参りをする人がいない	241人

出所：2023年11月18日付朝日新聞
回答者数2,662人

は、「子孫に負担を残したくない」です。「負担をかける」とは、いいかえれば「束縛する」ということです。多くの人が、子どもや孫にしんどい思いをさせたくないと願っているということです。そのことは、現在、当事者として負担であると感じていることでもあると推察されます。

また、この調査結果からもう一つ大切なことを考えさせられます。「お墓に入りたくない」理由の2番目に多いのが、「シンボル、よりどころだと思わない」ということです。つまり、多くの人がお墓を精神的なよりどころとは思っていないということです。つまり、形式的なものと捉えていることです。故人を心から悼む場所としては疑問を抱いていると いえるかも知れません。

お墓の束縛から解放されてもよい時代にきていると思います。

「遺骨を拾わない・拾ってもらわない」ことのすすめ

つれあいの遺骨を拾わなかったわたしは、当然わたしの遺骨を拾ってもらわなくてもよいと考えています。つれあいと二人で決めたとき、彼は彼の関係者に話し、わたしはわたしの関係者にそのことを伝えました。わたしの関係者とは、母と弟と親友です。

母は、「わたしは歳をとっているから葬儀に行かないので、あなたの骨を拾わない」といいました。そのとき以来、わたしの遺骨についての話は母とはしていません。

弟は、「家の墓はものすごく大きいから拾ってやるよ」といいました。弟に対して、「拾うのはいいけど、わたしの考えは分かってほしい」と伝えました。伝えたときから20年以上経った今、弟はわたしの遺骨を拾わないという考えに変わってきています。わたしがつれあいの遺骨を拾わなかった事実を知ったからだと思います。

親友は、「あなたの遺骨を拾って、わたしの机の上に置いておく」といいました。彼女には、「もしあなたが亡くなったとき、机の上の遺骨を何だろうと思うあなたの家族や関係者がいるから、やめてほしい」と伝えました。彼女も現在はわたしの遺骨を拾わないと決めてくれています。

わたしの場合、「わたしの遺骨を拾ってもらわない」ことをわたしが決め、わたしの関係者がそれを受け入れています。しかし、多くの人にとってそれはそんなに簡単なことだとは思えません。遺骨を拾わないことを考えたことがある人が非常に少ないからです。

まず、大切な人の遺骨を拾わないと決めることは大変なことです。自分の気持ちを整理し、拾わないことを決断することからしてむずかしいことです。親族や周りの方々、今までの「風習」などを考えると大変なことです。それと同じく、自分自身の遺骨を拾わないでもらうことを決めるのも大変です。その両者はどちらが先でもかまいませんが、二つのことを決めるのは、困難なことです。ちなみに、わたしの周りで収骨をしないことに賛成や共感してくれる人はいますが、実際に収骨をしなかった人は、既述しましたが、一人だけです。賛成や共感はできるけど、実行はできない。遺骨を拾わないと決めることの大変さを物語っています。

わたしは多くの方々に収骨しない理由を伝えてきましたが、理解をしてくれる方が徐々に増えてきました。わたしがつれあいの遺骨を拾わなかった大きなよりどころのひとつは既述しましたが、親鸞の思想、遺体観です。「遺体を賀茂河に流して魚の餌にしてほしい」という親鸞の遺体観です。それは、お墓はいらないという考えにつながります。親鸞の考えを知ると、多くの人が「親鸞はそうだったんですか」と驚かれます。そして、「遺骨を拾わないことも仏教では許されるんですね」と、わたしがつれあいの遺骨を拾わなかったことに納得されます。

ところで、親鸞の言説は、実際には親鸞の親族によってその通りにはなされませんでした。そして、親鸞を開祖とする教団は、親鸞を崇め、巨大な真宗教団となりました。なかには、教団が親鸞の考え通りにしなかったことに腹を立てる人もいます。亡くなっていく人の遺志を大切にしなかった教団への批判です。わたしも同じ考えです。親鸞の遺志を実現していたら、その後の教団のあり方は違ったものになっていたことでしょう。

そして、遺骨を拾わない考えに共感してもらえる大きな理由は、わたしがつれあいの遺骨を実際に拾わなかったことです。もっとも、そのことでわたしが困った状況にあるとか、不幸のどん底にいるとかなら話は別でしょう。しかし、わたしが遺骨から解放されている姿を実際にみてもらえるから、共感してもらえることになると思います。

遺骨を拾わないことの最大の利点は、お墓を必要としないことです。今、お墓の悩みはますます増大しています。少子化のこの国で、お墓の管理をしてくれる人がいつまでもいるとは限りません。自分の代まではお墓を管理することができても、次世代へつないでいくことの困難さがあります。次世代を遺骨やお墓から解放することは、次世代の負担をなくすために、今の世代のわたしたちがしておかねばならないことではないでしょうか。

遺骨を拾わないことを法的な点で心配される人もいますが、法的にはまったく問題はありません。遺骨を拾わなかった人が法的に問われることは一切ありません。現につれあいの遺骨を拾わなかったわたしは法的に何も悪いことをしていません。

遺骨を拾うことがあたりまえでしたので、くり返すことになりますが、遺骨を拾わないことは大変むずかしい問題です。それでもわたしは、遺骨を拾わないことを勧めたいのです。実際にお墓の悩みを抱えている人が多いこと、お墓が将来にわたって管理できるという保証がないことなどを考えてのうえです。そして、現実に無縁遺骨・無縁墓が増え、行政は莫大な費用をそれに充てています。

こういう大事なことを決めるのは、死について、死後についての関心を元気なときから持たないと簡単にはできないことです。

死の問題、死後の問題を考え、具体的に遺骨をどうするかを考えることは、これからの人生を生きる意味に向き合うことになります。また、次世代・さらには次々世代の人を遺骨やお墓による束縛から解放する大きな意味につながる問題でもあります。

ちなみに、世界的な有名人で遺骨が拾われなかった人として、ガンジーが挙げられます。亡くなったあと、国葬が行われましたが、亡骸はヤムナ河畔ラージガート火葬場で荼毘に付され、遺灰はガンジス川や南アフリカの海にまかれました。

5章　老後や死をどう迎えたらよいのか

「老い」の受容

どんな人も老いを迎えます。みなさまはどんなときに老いを感じられますか。どの人も感じる体の衰え（筋肉のたるみ、シワやシミができる、髪が薄くなる、耳が聞こえにくくなるなど）はあたりまえにおこってくるので、受け入れざるを得ません。しかし、同じシワでもわたしは、顔のシワと腕のシワは受け取り方が違いました。腕にできたシワのほうがひどさを感じました。なぜなら腕全体がシワになったからです。このように、身体的な老いでもそれぞれの人によって違いがあり、その受け止め方も当然異なるでしょう。

一時期、アンチエイジングが流行りました。歳をとること、老いることが悪いことのようにいわれました。歳をとらないための工夫の宣伝が毎日のようにコマーシャルとして流れていましたが、この頃はアンチエイジングの声がまったくなくなったわけではありませんが、少なくなりました。歳をとったまま活躍している人が多いからだと思います。

年齢を重ねることはどうしようもないことですし、体の衰えをある程度カバーすることができても、元通りにすることはできないでしょう。所詮、人間とは死に向かう身体で生きています。衰えを認め、老いを生きていくしかないと思います。米寿を迎えたわたしの先輩が、「病はともかく、老いは『治り』ません」と、メールを送ってくれました。ほんとうにその通りです。

ところで、ショックを受けるほどの「老い」を感じたことが、人それぞれにはあるのではないでしょうか。

わたしは、74歳のときです。それは、家で探しものをしなければならなくなったときのことです。それまで家で探しものをしたことがなかったのは、少々の自慢でもありました。つれあいが、よく「メガネがない」「小銭入れがない」「携帯がない」「手帳がない」などとブツブツいいながら探しているのを、わたしは「なぜ探しものをするのかな？」と横目でみていました。

わたしの携帯はいつものところにあるし、小銭入れも手帳もいつも決まったところにあるので、つれあいが探しものをしている姿は不思議でした。日常的に置き場所が決まっているものは、今でも探すことはありません。

ところが、新たに加わるもの、大事なものとしてしまっておいたものを探すことになってしまったのです。大事だからと特別の場所にしまったのでしょうが、その場所を忘れてしまって、いまだにみつけ出せないのです。「絶対に」がつくほど捨てるわけがありません。わたしがしまう場所だからだいたいの予想をつけて何日も探しましたが、みつかりませんでした。わたしは、落ち込みました。

一つの例を出しましょう。ジパング（60歳以上でJRに乗る際、200キロを超えると3割引きになる会員証）は1年ごとに期限が切れ、会費送付のための振込用紙が送られてきます。大事な書類です。きちんとしまったと思います。さて、郵便局へ行くことになった日にみつからないのです。すぐにみつかると思ったのに、どこを探してもみつかりません。何日間も探し、もうこれ以上同じところを探せないと諦め、恥ずかしい気持ちを殺して再発行をしてもらう羽目になりました。わたしにとって、このことはほんとうにショックでした。再発行という道があったからよかったものの、「老い」を感じました。

なくすはずがないという自分への信頼と現実にみつからないという事実の前に、「老い」

としか理由がつけられなかったのです。認知症の始まりとは認めたくないから、「老い」で処理したのです。そして、同じようなことが何度かおきていました。

同じ思いをしないように、新たに大事なものを入れる場所をつくりました。わたしからみえやすいところに、封筒で入れやすくしました。何度か探しものをしましたが、今のところ大丈夫です。そのことを考えるのに時間を要したので、これも「老い」なのかと思わざるを得ません。

逝ってしまう別れに感じる「老い」

そして、もう一つ「老い」を感じる大きなことがあります。大切な人、大事な人がわたしより先に逝ってしまうことです。恩師はずいぶん年上なので、仕方がないと受け止めることができました。つれあいは、わたしが「老い」を感じる前に亡くなりました。

「老い」を感じるのは、わたしとだいたい同じ世代の人が亡くなるときです。通夜や葬儀に参列すれば、別れの実感はありますが、その喪失感は簡単には癒えません。

2022年に二人の友人が、2023年も二人の友人が先に逝きました。2023年に亡くなった友人は奈良に住み、仲間としてともに運動をしていました。奈良県にある修験《しゅげん》道《どう》の山である「大峰山」（正確には山上ヶ岳）は、今でも「女人禁制」です。2003年から奈良県の有志と開放運動を続けてきましたが、その仲間です。

世話人会のなかで、酒が飲めるただ一人の仲間だったので、知り合ってからすぐに親しい関係になり、会えば必ず飲みに行っていました。酔えば本音で語り、プライベートも話してしまう間柄になりました。4歳年上の彼女は、亡くなったわたしのつれあいと同い歳で、彼ともいっしょに飲んだことがありました。

彼女は晩年、呼吸器をつけていたので、彼女の家で世話人会を開くこともありました。「冷蔵庫にビールが入れてあるよ」といつも用意していて、冷蔵庫を開けると、ほんとにどっさりビールが入っていました。二人でそんなに飲めるはずもありませんが、彼女がいっしょに飲もうとしてくれている気持ちがうれしかったです。

彼女は2023年2月に家のなかで転び、骨折をして入院したままで8月に逝ってしまいました。その知らせを受けた日は、「大峰山」の世話人会を開いているときでした。コロナは5類になりましたが、面会することができず、ときどきお互いがかけ合う電話で話しました。会えないまま亡くなったことがとても残念です。

葬儀には行けませんでしたが、通夜に参列しました。遺体と対面しましたが、別れができたとは思えませんでした。亡くなったあとの喪失感を癒やすのは簡単ではありません。

もう一人は、浄土真宗大谷派の住職です。兵庫県の北の方に住んでいる人なので、めったに会うことはできませんでしたが、メールのやりとりと電話で長話をしました。仏教の話ができ、真宗教団の問題点を語り合える友人でした。そのうえに、住職や坊守の問題点も話すことができました。そういう話ができる相手はなかなかいません。彼自身が住職なのでよく分かることと、わたしが寺生まれであることで、共通の認識を持っていたからです。

彼は9月に、5年前の手術の検査入院だといって入院したまま、10月にあっという間に逝ってしまいました。入院途中で末期の肺ガンがみつかったのです。まだ肺ガンかどうかは本人も分かっていないときですが、彼に電話をしたら、「声が出にくいから、電話はちょっと無理かも」といわれ、ずっとメールでやりとりをしていました。そして、「まだ入院ですか。いつ退院できるのですか」というわたしの送信に、「病院のほうが居心地はいい」「寺族のあり方が問題」などの返信メールが来ていたのですが、「100%肺ガン。すべて終活は終わり。息子に任せることにした。さようなら」のメールに一転したので、仰天しました。

慌てて返信をしたら、ゆっくりした文章で、彼が分かる範囲の事情が送られてきました。それからまもなく転院したという知らせを受け、その後ほんとうに短い時間しか経ないで、亡くなった知らせを受け取ったのです。「信じられない」としか思えませんでした。あっという間に逝ってしまったという思いだけが残りました。

通夜は遠すぎて行けず、葬儀は用事で行けなかったので、数日経って、わたしと同じく通夜にも葬儀にも参列できなかった友人と二人でお悔やみに伺いました。坊守さんから亡くなるまでの詳しい説明を聞いたのですが、詳しいことを聞いても頭に入りませんでした。

仏教でいう「四苦八苦」とは

わたしより先に逝かないでほしかったという思いと、この歳になると先に逝った人に対して少し羨ましい気持ちが出てきます。ここまで生きてきたから、そうそう長生きをしたくないと思っている気持ちがどこかに潜んでいるからだと思います。

つれあいを亡くした際にお世話になった医師にお礼に行ったとき、「先に逝ったもん勝ちです」と、わたしは口走っていました。つれあいのときは「老い」を感じていませんでしたが、常々二人で話していたのは、「彼が生き残りたい。わたしが先に逝きたい」でしたから。「老い」とは、こういう辛い喪失感を受け入れていくことだと実感します。

仏教は、「生老病死」を「苦」と捉え、その四苦に加えて、「愛別離苦《あいべつりく》」（愛する人と別れる苦しみ）、「怨憎会苦《おんぞうえく》」（怨みつらみに思う人とも会わなければならない苦しみ）、「求不得苦《ぐふとくく》」（ほしいと思うものが得られない苦しみ）、「五縕盛苦《ごうんじょうく》」（人間の体と精神を構成する五つによって生まれる苦しみ）を、あわせて「四苦八苦」といいます。まさに愛する人とは大切な人です。この歳になると、別れは相手が亡くなってしまうことに限定してもよいほどです。生きている場合の別れももちろんありますが、「老い」を感じると、逝ってしまう別れがほとんどといっても過言ではありません。

相手がこの世からいなくなることは、どうしようもなく、何の手立てもできません。そういう辛さをわたしたちは味わうことを突きつけられます。「老い」はやはり苦です。「怨憎会苦」「求不得苦」「五縕盛苦」は、老いとともに少なくなり、会いたくない人をうまく避けることができます。老いのありがたさです。どうしても手に入れたいほどの欲求も小さくなります。若いとき、あれだけいろいろなものが欲しかったのに、その欲望は薄らいでいきます。これも老いのよい点です。体の衰えを苦ではなく、あたりまえに思えば、苦は少なくなります。ただ、病気になるかも知れない、しかも死に至る病いになるかも知れないという不安は、老いとともに強くなります。やはり、老と病と死が結びついているからでしょう。

四苦八苦を説いたブッダの見方がずいぶん変わります。釈迦自身が苦しんだのは、やはり若いときだったということが分かります。釈迦が出家したのは29歳です。若くて欲望をそのままに生きていた青年期です。それはまた、人生を悩む時期でもあります。大事な人の死を予想しては死の怖さに震える経験を、多くの人がしたのではないでしょうか。

家族を持っていた釈迦は家族を捨て、王族という身分を捨て、人生の真実を求めて出家したあと、一生懸命解脱の道を求めました。釈迦が苦を脱する悟りの境地に達したのは、35歳のときです。世間の常識で生きるのではなく、仏として生きる道に到達しました。

わたしは、この歳になって、ブッダの苦しみと解脱を見る目が変わりました。出家の道とはほど遠い道を生きてきたわたしの人生を振り返るとき、この間にあったいろいろな苦しみを受けました。ブッダのように解脱の道を頭では知りながら、真逆の道を選んだ結果です。そして、「老い」のまっただ中にいて、その苦しみがないわけではありませんが、苦しみが少なくなり、苦しみがあってもそれを和らげてくれる人間関係ができていると思います。

つれあいを亡くすことは、わたしにとってほんとうに辛いことであり、苦しみでした。受け入れていくのに、いまだに時間が必要です。しかし、それを共有してもらえる大事な友人がいます。若いときにはここまでの友人をつくることができませんでした。「老い」

は人間関係をつくる時間も与えてくれました。「老い」のありがたさです。

「片づけなければならない」ことからの解放

今元気に生きていても必ず死ぬ身です。「終活」という言葉が流行ったとき、それは、死に仕度のことでした。だから、エンディングノートが出てきました。また、あとに残る関係者に迷惑をかけたくないことから、「終活」は「片づける」「断捨離」の意味に捉えられました。わたしの周りでも「そろそろ片づけなければいけない」といっている人がいます。といっても、真剣に片づけている人は一人もいません。なぜなら、毎日生活をしているので、多くのものを捨てることができないからです。大事ではないと思うものでも、生きていたら万が一使うかも知れないと思ってしまいます。

わたしは「終活」を片づけることだとは思っていません。片づけるといってもすべてのものを処分することなどできません。死ぬまで生きていかなければなりません。生活をしている毎日は、ほとんどが必要なものばかりです。

さらに考えていけば、不必要なものをすべて片づける必要がほんとうにあるのでしょうか。わたしも一度だけ片づけることを考えました。しかし今、まったくその考えをなくしました。

そう考えたとき、わたしは気が楽になり、「片づけなければならない」ことから解放されました。わたしが考えたのは、わたしが死んだあとに片づけてくれる人にお願いすることです。どんな片づけ方をされてもかまわないと、わたしが納得することでした。それを頼める人は弟か甥です。

そこで、次に考えたのが、弟や甥にみられて恥ずかしいものは処分しようと思ったのです。ところが、わたしの家中を見回しても恥ずかしいものはなく、何をみられてもかまわないと思いました。そのとき、心が決まりました。片づけることは一切やめると。今まで通り、日常的にいらないものは捨てるという生活を続けていけばそれでいいと決心しました。

わたしが死んだあと、好きなように片づけてほしいことを弟と甥に伝え、二人が了解してくれました。彼らが片づけるときのことを想像しましたが、わたしが使っていたものをいちいち調べながら片づけるとは思えません。一気に業者に頼んで片づけるに違いありません。

そのために必要なものは、片づける費用です。わたしが入っている生命保険でまかなうことができると思います。亡くなれば必ずだれかに片づけをしてもらわねばなりません。

そのときの費用は用意しておきたいものです。

弟や甥に保険証やハンコなどのありかを知らせる必要がありました。２０２２年の秋、その場所を記したわたしの部屋の見取り図を弟に渡しました。

「死に仕度」で必要なこと

では、「死に仕度」をどのように考え、そのために何をしたらよいのでしょうか。死を迎える前に考えておくこと、決心しておかなければならないことを決め、それを実行してくれる人に頼むことです。

わたしが「死に仕度」で考えていることを以下に記します。

まずは、死や死後のことを話す相手を決めることが大事です。わたしは若いときから、わたしの家族とはそのことを何でも話し合うことができました。家族が少なくなり、現在は弟と甥です。元気なときからそのことが話せる人間関係をまずつくることです。しかし、家族だからこそ死や死後の話がしにくい場合があります。

難関ですが、家族と話し合いができる場を持つことが大切だと思います。講座で、何度もそのことを話しますが、多くの人が「むずかしい」と応えられます。その理由として、親に対しては死や死後の話を出しにくいことです。また、親の死など考えたくないという子どもの立場があります。逆に、子どもが真剣に考えようとしないだろうから、子どもにいえない、などが挙がってきます。

もっとも話しやすいのが夫婦間だと思いますが、お墓にはいっしょに入りたくないと公言する妻が案外多くいらっしゃいます。講座でも何人かの方からそのような声を聞いてきました。夫がその場にいないから発言できるのかも知れませんが、そういう人が夫と死や死後のことを真剣に話し合うのはむずかしいと思います。

夫といっしょのお墓に入りたくないという妻の本音を講座で聞くたびに、夫に聞かせたいと思ってしまいます。夫は妻があたりまえのようにいっしょのお墓に入ってくれると考えているでしょう。それまでの夫婦関係を蔑《ないがし》ろにしてきたツケが回ってきていることを、老後の関係性の問題として、世の男性の多くに聞いてほしいと思います。

家族を持っていない人、家族がいるけれども縁が切れている人など、独り身の人は信頼できる友人か知り合いに託すことになります。死後の片づけを頼む関係を持っていることは、すばらしいことです。家族でややこしい関係で悩むよりスッキリして頼みやすいとも思います。

自分ひとりで決めてエンディングノートに書いても、いざとなったときにゆっくりエンディングノートを読む時間は遺族や関係者にはないと思います。まして、突然死のような局面に立たされたとき、頭のなかは真っ白となり、パニックに陥ります。やはり、普段の話し合いが一番心に残ります。どれだけパニックになっても、一部であろうとも何かが記憶に残っているはずです。

書いて残すことは大切です。それは、遺された者がゆっくり読めるものとして、また自分史として意味があります。突然死など心の準備ができていない死を迎えたときに、遺族はうろたえながらでもやるべきことが次から次へ待っています。ひとりの人の死は、遺骨にするまでは時間の制限があり、慌ただしいです。

延命治療、最期の場所、遺影などの生前準備

死後のことを話し合うとして、その具体的な内容です。

まずは、どこで最期を迎えたいかの場所を決めることです。自宅、病院、介護施設などがありますが、そのときの状況により、自分で決めることができない場合もあります。しかし、元気なときに希望を伝えることはできます。病気の場合でも病院か自宅かは選択で

きます。

友人のつれあいは、自宅を選びました。夫が自宅で亡くなりたいといったので、それを受け入れました。しかし、夫を看取ったあと、友人は「大変だった」といっていました。それでも「夫の気持ちに沿えたからよかった」と。妻である彼女ひとりではとうていできないことでした。二世帯住宅の息子さん家族、近くに住む娘さん家族の支援があったからこそできました。

わたしは、どこで最期を迎えたいかについての希望を持っています。寝たきりになれば介護施設（母がお世話になっている施設）、ガンの末期になれば、母が入所している施設と同じ敷地にある終末医療の病院にお世話になりたいと思っています。どちらのお世話になるとしても、それまではなるべく自宅で過ごしたいと思っています。

延命治療をどうするかも話し合って決めておいたほうがよいでしょう。わたしは、延命治療はいっさい断ると決めています。延命治療を受けるか受けないかのときになって、本人がその是非を医師に伝えることができない場合が多いと思います。そのとき、だれが伝えてくれるかです。その場に付き添いでいる人とか、すぐに来てくれる人がいる場合は伝えてもらえますが、わたしのようにそうではない場合は手立てが必要です。わたしは、弟と甥と信頼できる友人に「延命治療をしないでください」と伝えています。

そしてわたしは、いつも持っている財布のなかに「延命治療はいっさいしないでください」と書いた紙を入れています。財布に身分証明書を入れている人が多くいます。身分を必要とするとき、財布を調べてもらえるのではないかと考えて、そのようにしました。

亡くなってからの着替えがあります。そのときに着るものはどうするか、何を用意しておくのかを決めておいたほうがよいでしょう。友人のおつれあいは山登りが好きで、生前いろいろな山へ登っていました。彼女は、山登りへ行く際のセーターやズボンなどとリュックまでを用意していました。

別の友人のエピソードですが、それは失敗談です。夫が亡くなり、着替えをするとき、家族が着物と決めました。彼女が夫の着物を探しに行き、最初に開けたタンスに大島紬をみつけました。彼女は「これはもったいない」と思い、タンスを閉め、別の引き出しを開けたらウールの着物が2枚入っていました。値段の高いものとそうではないものがあり、彼女は高いウールの着物を選びました。大島紬をやめた後ろめたい気持ちが高いウールの着物にさせたと語っていました。葬儀が終わってから、「あのウールの着物が燃えてしまった。灰になってしもうた」と残念そうでした。

亡くなってから着るものを決めることは、自分が生きてきた人生をふり返ることにもなります。何を着ても問題にはなりません。決めておくことは、残された人への配慮にもなり、残された人は大いに助かるでしょう。

わたしは、白衣と決めています。すでに用意しているので、施設への入所や終末医療のための入院時には持参する予定ですが、突然死や持っていけないときは、亡くなった場所へ持ってきてもらわねばなりません。分かりやすい場所にしまっているので、わたしの鍵を預かってもらっている友人に知らせました。

さらに遺影を必要とする人は、亡くなってから家族が探すことを避けるためにも、元気なうちに決めておくほうがよいでしょう。しかし、亡くなったときの年齢とあまりにもかけ離れている場合は、違和感があります。

わたしのつれあいは遺影をいらないと決めていました。わたしも必要としません。

２０２３年に亡くなった「大峰山」の会の活動仲間も自分の遺影を決めていました。彼女は長い間入院していたのですが、彼女の遺影をみたとき、彼女自身で決めていたことが分かりました。すてきな遺影でした。

葬儀の形式・内容、葬儀社などの生前準備

ここからは、通夜や葬儀のことを決めておくことの話になります。

「通夜はなし、葬儀もなし。遺骨を拾わない」と、わたし自身の葬儀のあり方をわたしは決めています。こんな簡単なことはありません。残された者はきっと助かると思います。

通夜をしてほしい人、葬儀をしてほしい人は、具体的にある程度決めておくほうがよいと思います。もちろん信頼できる人と話し合い、決めます。

そして、通夜や葬儀をお願いする葬儀社を決めておくことです。医師の見立てによりいつ亡くなるかおよそ見当がつく場合は、その間に葬儀社を決めることができます。そうではない場合、亡くなってから遺族があわてて決めるよりは、元気なときにある程度調べておけば、いざというときに安心です。

わたしは、つれあいの余命宣告を受けたときにはショックで葬儀社を調べる気もおこってきませんでした。しかし、亡くなることは必至だったので、彼が入院しているとき、インターネットでまず調べました。そして、わたしのところから近いこと、値段、葬儀社の規模、直葬をしてくれることなどを考慮に入れて、2〜3の候補を選びました。

彼の体がだんだん弱り、入退院をくり返すようになったとき、葬儀社に電話を入れました。そして、見積りをお願いし、郵送してもらいました。それらを比べて葬儀社を決めました。決めてから、直接自宅に来てもらい、いろいろな説明を受けました。そのとき、彼の遺骨を拾わない話もしました。

葬儀社の詳しいパンフレットもありますし、インターネットで調べやすい時代になりました。元気なときに調べることはそれほどむずかしくはない時代です。

通夜と葬儀は同じ場所で行うので、葬儀の形式を決めることで、通夜もそれに準じます。形式については既述しましたが、一般葬、家族葬、直葬、無形式から選びます。

葬儀の形式を決めたら、どの人に連絡するかを決めます。連絡網をあらかじめつくっておくと便利です。葬儀の形式を決める前に、連絡する人に知らせてもかまいません。このあたりでしなければならないことは、少々前後してもかまいません。すぐに駆けつけてほしい人には、真っ先に知らせる必要があります。

独り身のわたしの場合は、わたしの死を知らせる人を記したメモが必要だと思っています。ガンが分かり、例えば余命の状況が分かれば、わたしが亡くなったあとに出してほしいハガキをつくっておきたいと考えています。しかし、それが体力的にできるかどうかなどは、その場になってみないと分かりません。でも、わたしの死を知らせることをわたしの言葉で書きたいという願いだけは持っていたいです。

何年か前、友人がガンで亡くなったあと、娘さんの名前でハガキが届きました。亡くなった友人が生前に書き、娘さんに託されたことが分かる文章でした。死を覚悟した友人の想いが伝わり、わたしは感動しました。わたしも彼女を見習いたいと思いました。

葬儀の形式を決めたあと、多くの場合に問題となるのが値段です。祭壇、遺影、花などをまとめて、葬儀社はいくつかのプランを用意しています。さまざまなケースがあり、即断するのがむずかしくなります。葬儀社はいろいろな種類とオプションを提示してきます。葬儀社の提示の仕方はとても上手なので、どさくさに紛れて高いものをつい選択しがちです。そのことで失敗した人の話は数多く聞きました。葬儀が終わったあとで、「とられた」という思いをするのが、この葬儀代です。

実際、葬儀社へ勤めていた人の話を聞いたことがありますが、社内でその提示の仕方を徹底して教えられたと話してくれました。そして、「だまされてしまう人が多い」ともいっていました。

形式を決めたあと、具体的な葬儀のやり方を決めなければなりません。仏式、キリスト教式、神式、無宗教式などがあります。その具体的な内容も葬儀社任せにしないほうがよいと思います。

「檀家を離れたい」ということ

檀家として菩提寺がある場合は、仏式になります。こういう時代になったので、この菩提寺でよいのかを検討することも大事ではないかと思います。同じ地域に住んでいれば、檀家を離れることはむずかしいです。そのせいで、檀家制度はなかなか日本でなくなることはありません。しかし、違う地域に住み、菩提寺のあり方に不満がある人は、檀家を離れることを考えてもよいのではないでしょうか。

わたしの大切な友人は、檀家を離れたいという思いを長年持っていました。それでも実際に離れることなんてできないという思いも一方でありました。彼女の家族もお寺のやり方に不満を持っていましたので、お寺のとある行事のときに意を決してお寺へ行き、「引っ越しをするので、檀家を離れます」と、受付で伝えました。すると、住職にその話が伝えられたのでしょう。住職のお説教のなかで、檀家を離れる人に対する嫌みを長々と話されたそうです。自分のことがいわれていると分かり、嫌だけどその場を離れることができなかったのです。また、住職から直接嫌みをいわれ、耐えるしかなかったとのことです。

しかし、お寺に直接伝えることで、嫌みに耐え、きれいに檀家を離れることができました。きちんといえば、その通りになることを実践した人です。

檀家であることは、法律で決まっているわけではありません。契約を交わしたわけでもありません。だから檀家を離れることは法律に違反するわけでもなく、檀家を離れる自由は当然あります。住職によっては離檀料を請求する場合があります。その場合もそのまま受けずに、知人や場合によっては弁護士など法律の専門家に相談するか、インターネットで調べて判断するほうがよいでしょう。

しかし、実際には同じ地域に住んでいたり、引っ越ししても近くだったりすると檀家を離れられないとか、これまでの関係を断ち切ることはむずかしいことです。長年の日本的な関係をつくってきたのが、檀家とお寺の関係、いわゆる檀家制度です。実際には「檀家を離れたい」と思っている人が予想以上に多いと実感しています。講座でもこのことを多くの参加者から聞きます。

一度その関係を問い直し、どういう関係が望ましいかを考える機会にしたいものです。そして、檀家でいることにどういう意味があるかを問うてほしいですし、実際に離れたいと思っている人はどうすれば離れられるかを考えてほしいと思います。

葬儀の形式が決まったら

葬儀の形式から横道にそれましたが、葬儀の形式を仏式に決めたら、僧侶を頼むことになります。ここでも問題になるのが、お布施と戒名です。お布施の額は葬儀社が教えてくれます。納得できればそれでよいのですが、納得できない場合は知人に相談したり、インターネットなどで調べてほしいです。

続いて戒名ですが、これまでつけるのがあたりまえでした。既述しましたのでくり返しませんが、戒名の意味を問い、自分にとって必要かどうかを考える機会にしてほしいと思います。

そして、通夜・葬儀の主催者ともなれば、その流れを葬儀社にたずね、少しでも疑問に思うことがあれば、納得するまで葬儀社と話し合うことが必要です。そして例えば、既述しましたが、焼香順を家制度的なものではないようにしてほしいと思います。

クリスチャンはキリスト教式を選び、神道を信じている人は神式を選びます。さらに、無宗教式については既述しましたが、主催者主体で葬儀を行うことができる大きなメリットがあります。亡くなった人の遺志を体現することができます。

葬儀の次が収骨です。収骨は、何度も書いてきましたが、収骨後のことを決めたあとで、拾うか拾わないか、拾うとしても喉仏だけか一部か全骨かなどを決めておくことが大切でしょう。

最後に、死に仕度についての大事な点を挙げておきます。家族がいる場合は心配をしなくてもよいことですが、独り身の場合です。わたし自身もそうですが、周りをみても独り暮らしが多くなってきています。独り暮らしの場合、何かがおこっても自分で何もできない可能性が高いです。家のなかで倒れても救急車を呼んでもらえません。最悪の場合を想定しておいたほうが賢明です。

以上のなかから、何か参考になるものがあれば、参考にしていただければと思います。死に仕度は大切です。

6章　宗教的自立について考える

宗教とは何か

最後の章になり、わたしが長年取り組んできた宗教とジェンダーの問題を葬送の問題と関係づけてしめくくりにしたいと思います。

わたしは生まれたときから仏教とのかかわりがある家で育ったので、わたしにとって宗教とは仏教として存在していました。既述しましたように、寺に生まれたことは決して喜ばしいことではありませんでしたが、宗教について考えることができたきっかけにはなりました。子どもの頃は嫌いだった寺を、この歳になり肯定的に捉えたいと思うようになっています。しかし、制度として残っている檀家制度については、問題を感じています。

わたしは、生まれた寺もその寺を支えている地域も嫌でしたが、仏教を否定したことはありません。むしろ、仏教をすばらしいと考えていましたから、わたしも信心を持とうと思ったのです。仏教をマイナスの面として捉えることになったのは、フェミニズムに出会い、仏教のなかに女性差別の面をみつけてしまったからです。

しかし、仏教はマイナスの面だけではありません。もう少し広い意味で仏教を宗教としての面から考えてみたいと思います。人間が宗教を必要として生み出したのは、宗教がプラスの面を持っているからです。わたしは、すべての人が仏になる仏教の教えは心底すばらしいと思っていました。とくに親鸞の教えを勉強したのは、その教えを体得したいと真剣に考えていたからです。そして、仏教による救いの問題もプラスの面として考えることができます。

本書のテーマである「葬送」は、「死」の問題をどのように捉えるかの問題でもあります。仏教は「死」を「苦」と捉えました。そして、その苦しみから解放される道を説きました。仏になる教えはブッダが実現しましたが、ブッダは世間のなかに生きながら世間を超えて生きることができた人です。仏教でいう悟りの世界を生きました。こんなすばらしいことはありません。そのために家族を捨て、家を捨て、身分を捨てて修行生活に入りました。

ブッダが実現した世界をめざしてブッダのもとに弟子が集まりました。ブッダと同じように家族を捨て、家を捨て、身分を捨て、その教えを実践しようとしました。そこに集団ができて教団がつくられました。しかし、教団はブッダがめざした世界を実現することを困難にさせる面を持っていました。教団に集まったすべての人が悟りをめざしているにもかかわらず、悟っていない人間の集まりは、世俗を否定することができる人間ばかりではなかったのです。

それは、出家の道が説かれてもその道を生きることがいかにむずかしいかを示していますし、悟ることがいかにむずかしいかということです。ブッダは29歳で出家し、35歳で悟りをひらきました。その間は、独りの生活であり、集団の生活ではありませんでした。仏教は、ブッダが悟ったように、独り悟りをめざすことだと思います。集団で悟りをめざす生活は、やはり問題をおこしてしまいます。集団の規律（戒律）をつくらねばならず、女性の出家者が悟りをめざすようになると、女性教団にも気を配ることになります。

初期の経典に修行者を憂える言葉が出てきます。

「出家者でありながらなお不満の念をいだいている人々がいる。（中略）犀《さい》の角のようにただ独り歩め」

「修行者は高慢であってはならない。また（自分の利益を得るために）遠廻しに策したことばを語ってはならない。傲慢《ごうまん》であってはならない。不和をもたらす言辞《げんじ》を語ってはならない」
「修行者はこの道理を知って、よく弁《わきま》えて、つねに気をつけて学べ」
（以上、中村元訳『ブッダの言葉　スッタニパータ』岩波書店）

ブッダが求めた道を歩もうとするなかでも、ブッダと同じようにはできない人がいたのです。不満を抱く者、高慢な者、策を弄する者、仲違いをする言葉を発する者など、ブッダは、集団を乱す者の存在を嘆いています。

それでも実際に、ブッダと同じ生き方をした人がいました。仏教の教えが伝わったのは、そうした人たちがブッダの教えをつないでいこうとして文字化し、経典として作成したからです。

ただ、経典には仏教のすばらしい面だけが記されたのではありませんでした。当時の問題のある社会状況を踏襲し、教団のなかにそうした問題のある考えが採り入れられもしました。マイナスの面も記されていったのが経典です。

経典には仏教者の生きる道が記されますが、ブッダが実践した煩悩の否定を説くところも何か所か出てきます。人間がブッダと同じ道を歩もうとするとき、煩悩として捉えられる性の否定が困難だったことを表しています。ところが、その表現の仕方に問題があります。

「（師（ブッダ）は語った）、『われは（昔さとりを開こうとした時に）、愛執と嫌悪《けんお》と貪欲《とんよく》（という三人の魔女）を見ても、かれらと淫欲の交わりをしたいという欲望さえも起らなかった。糞尿に満ちたこの（女が）そもそも何ものなのだろう。わたくしはそれに足でさえも触《ふ》れたくないのだ』」（『同上』）と記されます。

性欲を否定するのに、その対象である女性を貶《おとし》めなければならなかったのは、問題です。淫欲を否定できないのを女性のせいにしています。仏教のなかに存在する女性差別であり、マイナスの面です。

わたしには、仏教者がすべて悟りの世界を生きているとは思えません。では、どういう人を仏教者として認めたらよいのでしょうか。この世を超えて生きているといっても分かりにくいですが、わたしが考えるのは、「個」の確立ができているかどうかです。宗教を抜きにして「個」の確立をしている人を知っています。その多くはフェミニストです。

しかし、宗教を抜きにしての「個」の確立もむずかしいですが、宗教的な「個」の確立はなおむずかしいと思います。過去の人は書いたものからしか分かりません。すべての宗教者が何かを書いたわけではありません。実際、キリストもブッダも書き残していません。名もない宗教者が、「個」の確立を果たした場合もあるでしょう。

では、宗教的な「個」の確立を果たすとは、どういう意味でしょうか。それをわたしは、「宗教的自立」と呼びたいと思っています（「宗教的自立」については後述します）。宗教的自立は、例えばブッダにみられるものです。この世に生きながら、俗世間を超えて生きた人です。権力に寄りかからず、真理をめざして生きている人です。

わたしが親鸞に惹かれる理由が、ここにあります。家族を持ったがためにその悩みは深く、しかし、その悩みを超え、自由に、権力に追従せず、弱者により添う姿こそ、宗教的な「個」の確立ができていると思います。

親鸞の思想については、拙著『仏教における女性差別を考える――親鸞とジェンダー』を参照してください。親鸞の「宗教的自立」を「親鸞の国王不拝」「父母に向かいて礼拝《らいはい》せず」「六親に務《つか》えず」「神祇不拝《じんぎふはい》」という言葉に見出し、そのことを詳しく記しました。そして本書では、親鸞の「宗教的自立」に基づく「遺体観・遺骨観」を詳しく述べました。

日本人の宗教観

日本人が宗教的な「個」の確立をなすことはむずかしい、とわたしは考えています。なぜならば、日本人の宗教観の実情からです。上記の『宗教年鑑』は、各宗教教団の発表によるものです。それによると、日本人の宗教人口は総人口を上回っています（表６）。つまり、日本人は信仰を二つ以上持っていることを表しています。また、左頁の二つの資料は、アンケート形式による結果です。単純に比較することはできませんが、日本人の宗教観を表していると思います。

『宗教年鑑』で神道系が多いのは、七五三や厄除けや祭など年間を通して行事が多いからだと思われます。また地域によっては、すべての家が氏子になっている場合があります。氏子とは、地域の氏神が祀ってある神社に属する人のことをいい、中世頃に成立したといわれます。神社の祭に参加し、

表６　日本の宗教人口

神道系	48.5％	87,924,087人
仏教系	46.4％	83,971,139人
キリスト教系	1.1％	1,915,294人
諸教	4.0％	7,335,572人

日本の総人口123,950,000人（2022年７月１日現在）
宗教人口の総数181,146,092人（『宗教年鑑』文化庁2021年版）

表7　信仰心の有無

信仰している宗教	仏教	神道	キリスト教	その他	信仰宗教なし	無回答
2008年	33%	3%	1%	1%	61%	1%
2018年	31%	3%	1%	1%	62%	2%

出所：NHK、2019年５月

表８　「神や高次の力」を信じるか

聖典に記された神を信じている	3%
聖典に記された神は信じていないが、高次の力や霊は信じている	16%
答えたくない	10%
分からない	34%
神や高次の力、いかなる種類の霊も信じていない	38%

出所：国際宗教調査、2023年８月

寄付をして神社を成り立たせています。

「信仰心の有無」のアンケートをみると、信仰する宗教を持っていない人が仏教を信じる人のおよそ２倍です。そして約３分の１の人が仏教を信仰しています（表７）。

しかし、「神を信じている」となると、たった３％しかいません。「神や高次の力、いかなる種類の霊も信じていない」人が38％ですから、信仰心を持っていないとの比較はできませんが、日本人は信仰を持っていない人が多いということはいえるでしょう（表８）。

こういう数字の上での比較はあま

り意味がないかも知れませんが、わたしが考える宗教的な「個」の確立の問題を考える際の資料にはなると思います。

諸々の行事と宗教のとりとめのない関係

日本人が宗教に関係している行事への参加をみていきますと、一年を通して宗教行事があります。正月には、前日の大晦日に除夜の鐘を撞き、または聞くために寺院へ行くので仏教に関係しています。そのあと数時間も経たないうちに神社へ初詣です。春分の彼岸、お盆、秋分の彼岸は墓参りです。12月24日はクリスマスイブです。そのうえに、地域によって時期が少しずつ違うと思いますが、夏祭りや秋祭りがあります。

一生を通じてあてはめていくと、生まれて1か月を経てのお宮参り（産土《うぶすな》の神に参詣）、そして七五三を祝い、受験の合格を頼みに神社へ、結婚式はキリスト教で、厄除けは神社へ、葬送と祖先祭祀は仏教でという「冠婚葬祭」といわれる人生の節目も宗教が関係しています。「冠」の成人式は宗教と関係がなくなりました。自治体が行うようになったからでしょう。

こうした日本人の宗教観は、「信仰を重視しない宗教が、広範かつ長期的に存在してきた。（中略）こうした非信仰的な宗教のあり方は、キリスト教や新宗教の観点からは異質に見えるのである」（岡本亮輔『宗教と日本人』中央公論社）と指摘されています。「信仰を重視しない宗教」については、その通りだと思います。

こうした宗教観を持っているからこそ、宗教教団や宗教者による被害に遭いやすいともいえるのではないかと思います。「信仰を重視しない宗教」風土のなかで悩みを抱えたとき、手を差し伸べてきた宗教にのめり込んでしまう危険性を持っているのではないでしょうか。苦しみから逃れたい気持ちが、よく知らない宗教を安易に信じてしまうのではないでしょうか。

親鸞は伝統宗教のなかに生きた人ですが、ただ単に伝統宗教を踏襲した人ではありませんでした。仏教の基本は出家なのですが、その出家をしなかった人、否できなかった人といったほうが正解でしょう。その親鸞は、「信仰を重視しない宗教」に関係している人々に対して厳しい考えを持っていました。

親鸞は、「神祇不拝」として当時の習俗を行う人を批判しています。ここでいう習俗とは、「信仰を重視しない宗教」ともいえます。

かなしきかなや道俗の　良時吉日えらばしめ　天神地祇《てんじんちぎ》をあがめつゝ　卜占祭祀《ぼくせんさいし》をつ

とめとす（『正像末《しょうぞうまつ》和讃《わさん》』）

かなしきかなやこのごろの　倭国《わこく》の道俗みなともに　佛教の威儀《いぎ》をもとゝして　天地の鬼神《きじん》を尊敬《そんきょう》す（同前）

当時も日を選んだり、いろいろな神を崇めたり、占いに頼ったりしている人がいたのです。「道俗」といっているので、僧侶も含まれていたからよけいに批判的になったのでしょう。「信仰を重視しない宗教」に関係する人々を親鸞は悲しんでいます。

現在、日本では信仰を持たないで宗教行事に参加することには問題がないと考えられています。わたしは、その考えに対しては違和感があります。クリスチャンではないのにキリスト教で結婚式を挙げることは、キリスト教に対して失礼にあたるのではないかと思います。仏式で葬儀を行いながら、死者に「天国の○○さん」と呼びかけるのは、仏教を知らないことを表しています。

そういうことは、宗教を知らないことであり、宗教的な「個」の確立ができていないと思います。だからこそ、宗教的な「個」の確立が必要だと思います。

また、宗教的な「個」の確立は宗教的な被害に遭わないためにも必要だとも考えるからです。さらに本書で勧めてきた葬儀のあり方、遺骨のあり方を考えることにも関係します。多くの人があたりまえに葬儀社に頼み、仏式で葬儀をし、収骨をし、遺骨を納めていることに対して疑問を抱き、再考するきっかけにもなってほしいと考えます。

習俗としてあたりまえにやってきたことを踏襲することにも大事な点があります。それを無碍に否定はしませんが、葬儀のあり方にグチをこぼす人、高価すぎると文句をいう人や遺骨に困って無縁遺骨にする人、遺骨をどこに納めてよいか迷っている人、お墓の管理ができない人など問題を抱えている人が多くなっている現在、「信仰を持たない宗教」をあたりまえに受容している日本人のありようが影響しているのではないかと思います。

そのためにも宗教的な「個」の確立の問題を我がこととして考えたいのです。信仰を持たない宗教とりわけ日本の檀家制度下の仏教に束縛されていることに気がついてほしい、というのがわたしの願いでもあります。

宗教的自立のための教育を

こうした特徴のある日本人の宗教観の背景には、「宗教とは何か」が教えられていないという現実があります。戦前の天皇制国家では、「国家神道」は宗教ではないといいなががら、国家によって強制されました。天皇を「現人神《あらひとがみ》」として信じさせる教育でした。

その禍根をきちんと反省しないで、戦後教育は「宗教」を最低限のことしか教えませんでしたし、現在も大きな変化はみられません。きちんとした宗教教育から逃げているのです。だから、「宗教とは何か」を学校で学ぶ機会はありません。

「宗教とは何か」は、学校教育のなかできちんと教えられる必要があります。「宗教2世」の問題がクローズアップされている現在、被害者にならないためにも「宗教とは何か」を正しく知る必要があります。また、旧統一教会と自民党など、宗教と政治の関係も社会的な問題になっています。

教育のなかで教えられないなら、わたしたちはどこで学べばよいのでしょうか。今後の学校教育に期待したいです。

四つの自立と宗教的自立

わたしが宗教をきちんと学んだ契機は、信心を求めるために大学院へ進んだときでした。しかし、わたしが「個」の確立を求めたときの学びは、フェミニズムとの出会いです。「個人的なことは政治的である」というフェミニズムの思想に共感し、個人的なことと社会的な問題を一致して生きることができるようになりました。

わたしは、フェミニズムから四つの「自立」を学びました。経済的自立（自らの生活費を得る）、生活的自立（日常生活をひとりでできる）、精神的自立（社会のなかの差別に気づき、自らができることをする）、性的自立（対等な性関係が持てる）です。訳があってそれらの自立ができない人は、自立へ向けての助けを社会が担うことはいうまでもありません。

フェミニズムに出会った当時、わたしは専業主婦をしていました。その四つの自立は、わたしの生き方として新たな課題となりましたが、生活的自立しか果たせていませんでした。

フェミニズムとの出会いは、夫との関係を変える意味がありました。夫に従順なよき妻であったわたしの立ち位置は上下関係の下にいました。自らが下りていったのです。わたしの意識と関係に気がつき、わたしは変わったのです。対等な関係を新たにつくろうと夫に提案しました。しかしそれは、夫にとって都合のよい妻ではなくなっていきますから、関係性が以前とは変わり、夫婦関係に溝ができました。

一度決めた新たな生き方をもう変えることはできませんでした。焦りながらもわたしは、残りの三つの自立をめざしました。一度職を捨てた身には経済的自立はむずかしかったです。また、夫との関係から性的自立を口にすることもできませんでした。何とか四つの自立ができたのは、離婚後です。

その四つの自立に加え、「宗教的自立」を提言したいと思います。わたしが考える「宗教的自立」とは、まずは宗教を知ること、そして宗教を学ぶこと、そのうえで信仰を持つ・持たないをきちんと選択することです。宗教を見極める力を持つことです。

言葉の上では、簡単なことです。しかし、これを実践するのは、なかなかむずかしいことです。

まず、宗教を知るところから説明しましょう。日本人にとって宗教はイベントとしては身近ですが、「宗教とは何か」を考えることは、身近ではありません。わたしのように寺に生まれた場合は身近にありましたが、それでも「宗教とは何か」を学ぶ機会はありませんでした。学校教育のなかで教えられないからです。

では、宗教に関心を持つにはどうしたらよいのでしょうか。自らの死について考えることができる人は、宗教に関心を持ちやすいと思います。身近な人、大切な人が亡くなったときが、宗教に関心を持つ道として適しています。死を通して宗教に関心を持つことです。それは、老いてから死を考えるだけではなく、若いときでも自らの死や大切な人の死を考える機会があるからです。

ある日突然わが子を亡くし半狂乱になる親の姿をわたしたちは知ることができます。まさに戦争が行われている地で、または事件で、災害でなど…。しかし、想像することはできますが、我がこととしてはなかなか考えられません。いつ我が身の上に思いもしないことがおこるか分かりませんし、「思いもしないこと」は不幸なことが多いのです。しかしわたしたちは、「そういうことはおこらないだろう」と思って生活しています。死の問題は、我がこととなりにくいのです。

死にかかわる問題とは別に宗教の問題を考えることはむずかしいですが、それを考えるのはやはり自分の生き方を考えるときが、この問題に向き合うにはふさわしいかと思います。わたしが人権問題を学ぶなかで問われたときのことを思い出します。「あなたはほんとうに自分を大事に生きていますか」と。わたしは自分にそういう問いを発したことがなかったので、衝撃的な問いでした。わたしの生き方を問い直すことができる言葉でした。わがままではなく自己中心的でもなく、わたしを大事にして生きていくことを教えられたのです。わたしの人権を考えることにつながりました。

それが、社会における人権を考えることにもつながり、いろいろな分野のことを考えるようになりました。そこには宗教に関係することもあります。人権から考える、自分の生き方から導かれる宗教への道もあるのではないでしょうか。多くの人が日本的な信仰のない宗教へのかかわりを持つので、そこからも宗教のことを考える道があるかも知れません。

宗教との出会いがあっても必ずしも「宗教的自立」が必要だと気がつくとは限らないと思います。しかし、宗教が社会的な問題（宗教と政治の関係、「宗教2世」の問題など）となったこの日本で、宗教に関心を持つことはそんなにむずかしいこととは思われなくなりました。

本書の中心的なテーマである葬儀・お墓などの葬送についても、自分らしい納得のいく葬送を実践することができるのではないでしょうか。

あとがき

わたしは、葬送の問題を長い間考えてきました。自分の葬送をどうしてほしいかはもちろんですが、家族の葬送も考えてきました。しかし、家族は寺の生活をしているので、わたしの考えとは違って、一般の葬送を行わなければならないことは重々知っていました。家族のだれかが亡くなれば、いわゆる一般葬を行うことは分かっていました。

事実、わたしが体験した家族の葬儀――曾祖母・父・義妹が亡くなったときには、わたしの考えを表明する余地はありませんでしたし、わたしの考えの一端でもいおうという気持ちも生じませんでした。曾祖母の葬儀を仕切ったのは、住職である父でした。父と義妹の葬儀は弟が仕切りました。一般葬であり、門徒葬（主催者が門徒）というかたちをとりました。そうした参列者の多い葬儀に対して、わたしは違和感がありました。

わたしは、若いときから死や葬送のあり方を身近な自分ごととして考えてきました。家族の葬送は家族に任せるしかありませんが、わたしの葬送はわたしらしく、現在でいうなら直葬のかたちでシンプルに行ってほしいと思っていました。わたしが参列してほしい人だけに送ってもらいたいとも思っていました。収骨の問題も真剣に考えてきました。

それもあって、父の収骨のときも残骨に関心があり、粉にして果樹園の肥料になることを聞き、それなら全部収骨しなくてもよいと思ったのでした。

収骨をしないという考えはそこから芽生え、そして親鸞を学ぶことで確信を持つに至りました。わたしの遺骨を拾ってもらわないという考えは、長い時間をかけて到達しました。


そのわたしの考えを揺るぎないものにしたのはつれあいでした。彼もわたしと同じ考えを持っていたのです。ふたりが信頼関係を持ち、対等な関係をつくってこられたのは、生きているときはもちろんでしたが、亡くなったあとについての考えも一致していたからです。

その考えは多くの人があたりまえに行っている収骨とは違っていたので、それが二人の関係を強くしたのではないかと思うほどです。お互いにどちらが先に逝っても、相手の遺骨を拾わないことを心に決めて生きてきました。残念なことに彼のほうが先に逝ってしまい、わたしが彼の遺骨を拾わないことになりました。

わたしが彼の遺骨を拾わなかったことは、彼を軽んじていたからではありません。彼が亡くなってから時間が経ちました。しかし、喪失感はいまだ消えません。彼のことはわたしのなかでとても大切な人として生きています。この原稿も、亡くなった彼のことをしんどい想いをしながら書いてきました。ただ、遺骨からは「解放」されているので、お墓の問題などで悩むことはありません。

「終活」という言葉が流行り、葬送の問題が社会のなかで現実味を帯びて語られる現在、多くの人が葬儀（葬儀代、戒名・位牌・お布施など）・お墓・仏壇の問題などで悩んでいることが分かってきました。しかし、人の死にかかわることなので合理的に処理できないのです。その解決方法が簡単ではなく、その分、悩みが深くなっていると思います。

そのように、葬送に関して悩みを持っている方がたの何らかの役に立てばよいと思い、本書を書くことにしました。

現在、無縁遺骨や無縁墓が増えています。それらは今後ますます増えていくと考えられます。こうした現実を見据えたとき、これまであたりまえに行っている収骨や納骨では、解決方法を見出すことはできないと危惧します。

まずは葬送に関して、あたりまえに行ってきたことを再考する必要があります。そして、改めて考えることによって、わたしが提案している「収骨をしない」「お墓をつくらない」

という考えを視野に入れていただくことも意味があるのではないかと思います。

実際にわたしの友人の一人は両親の遺骨を拾わず、遺骨から「解放」されています。もちろん、両親を悼む気持ちがなくなったわけではありません。彼女のなかに生きる両親は大切な両親であることに変わりはありません。彼女の悼み方が多くの人と違っているわけではありませんが、形式に囚われず、遺骨やお墓に束縛されていないことは事実です。

別の友人は両親の墓じまいをしました。戻ってきた遺骨は、新たなお墓もつくらず、納骨堂にも納めませんでした。散骨ではなく、焼き場で再度焼き、収骨をしなかったのです。彼女も遺骨から「解放」されました。

実は偶然ですが、たまたまわたしの前書『自分らしい終末や葬儀の生前準備』（2017年刊）の編集を担当してくださったあけび書房代表（当時）の久保則之さんは、遺骨を拾わない葬送のあり方を以前からご夫妻で決め、家族に話していらっしゃいました。そして、わたしの原稿を読み、仏教を研究している人で実際に遺骨を拾わなかった人がいることに驚き、大変心強く思われたそうです。そして、久保さんご夫妻は「わたしたちの遺骨を拾わないでください」と書いた「宣言書」を子どもや関係者に渡していらっしゃいます。

前書の原稿を書いた当時も収骨をしなかった話はいろいろなところでしていましたが、久保さんが編集者になってくださり、こんな心強いことはありませんでした。

久保さんには今回も編集者になっていただきました。企画や章立てを相談し、原稿を章ごとに書いては送るという作業を始めました。久保さんご夫妻で原稿に目を通してくださり、コメントを入れて返される原稿をわたしが書き直すという往復のやりとりをくり返しました。ときに辛辣な意見や、ときに励ましの言葉があり、こうして原稿を仕上げていきました。感謝しかありません。

また、久保さんから紹介され出版を引き受けてくださった同時代社代表の川上隆さんにもお世話になり、本を刊行することができました。わたしの原稿をていねいに読んでくださり、ときにコメントや適切な資料を提供していただきました。出版を引き受けてくださる際のＺｏｏｍ会議でお顔を知ることになり、何度かのＺｏｏｍ会議で楽しく意見交換をさせていただきました。ほんとうにありがとうございました。

さらに、親友である池田恵理子さん（元ＮＨＫディレクター。アクティブ・ミュージアム「女たちの戦争と平和資料館」（wam）元館長）は忙しいにもかかわらず、わたしの原稿を読み、心あるコメントをしてくれました。つれあいにしてもらっていた役割を池田さんが代わってくれ、友だちのありがたさを痛感しました。ほんとうにありがとう、そしてとてもうれしかったです。

両親の遺骨を拾わなかった友人、墓じまいを行い、その様子を詳しく話してくれた友人、檀家を離れた話をしてくれた友人など、多くの友人に助けられて本書を仕上げることができました。お名前を記しませんが、感謝の気持ちを伝えたいです。

本書の目的である、収骨をしないことを行う方が多くなってほしいという願いを持ちながら、わたしは筆を擱《お》きます。

この本を読んでくださった方からの忌憚のないご意見をうかがえれば幸いです。

2024年3月

源　淳子

葬儀に関してあらかじめ準備しておくチェックポイント

❶ 死・死後について夫婦・親子・きょうだいなどで話し合っていますか。

A：はい　B：いいえ

❷ ①で「いいえ」と答えた人は、なぜ話し合っていないと思いますか。

A：死のことはタブーだから
B：縁起でもないと思うから
C：まだ先のことだから
D：関係が悪くて話し合えない
E：その他

❸ ①で「はい」と答えた人にお聞きします。どんなことを話しているのか、複数回答でお答えください。

A：葬儀のやり方　B：葬儀代　C：お布施
D：亡くなって知らせる相手
E：亡くなったときに着るもの
F：遺骨のこと　G：遺産のこと
G：お墓のこと　H：その他

❹ どこで最期を迎えたいですか。

A：病院　B：自宅
C：施設　D：その他

❺ 亡くなったあと、着たいものを決めていますか。

A：はい　B：いいえ

❻ どんな葬儀にしたいですか。

A：家族葬　B：直葬
C：一般葬　D：その他

❼ ⑥で「家族葬」と答えた人は、家族葬の葬儀社のパンフレットを見たことがありますか。

A：はい　B：いいえ

❽ ⑦で「はい」と答えた人は、どのランクにするか決めていますか。

A：はい　B：いいえ

❾ ⑥で「家族葬」と答えた人は、参列者としてどの人を呼ぶか決めていますか。

A：はい　B：いいえ

❿ ⑥で「家族葬」と答えた人は、何式で行うか決めていますか。

A：はい　B：いいえ

⓫ ⑩で「はい」と答えた人は、どんな式ですか。

A：仏式　B：キリスト教式

C：神式　D：無宗教式　E：その他

⓬ ⑪で「仏式」と答えた人は、僧侶を呼ぶと決めていますか。

A：はい　B：いいえ

⓭ ⑫で「はい」と答えた人は、菩提寺の僧侶ですか。

A：はい　B：いいえ

⓮ ⑬で「いいえ」と答えた人は、僧侶をどのようにして決めますか。

A：葬儀社に決めてもらう

B：知り合いの僧侶に頼む

C：その他

⓯ ⑫で「はい」と答えた人は、僧侶へのお布施を決めていますか。

A：はい　B：いいえ

⓰ ⑮で「いいえ」と答えた人は、お布施をだれに決めてもらいますか。

A：葬儀社に聞く　B：家族で決める

C：経験者に聞く　D：その他

⓱ 戒名（法名）を授かることを決めていますか。

A：はい　B：いいえ

⓲ ⑰で「はい」と答えた人は、だれに戒名を授けてもらいますか。

A：菩提寺の住職　B：葬儀社が決めた僧侶

C：知り合いの僧侶　D：その他

⓳ 戒名料はどうする予定ですか。

A：高くても払う　B：事前に聞く　C：その他

⑳ ⑰で「いいえ」と答えた人は、どのように決めていますか。

A：俗名のまま

B：すでに得度をしていて戒名（法名）を持っている

C：その他

㉑ 遺骨についてどんな考えを持っていますか。

A：収骨してお墓や納骨堂などに納める

B：収骨しなくてもよい

㉒ ㉑で「収骨しなくてもよい」と答えた人は、その理由は何でしょうか。複数回答でお願いします。

A：遺骨に意味がないと思っている

B：遺骨から解放されたい

C：子どもや孫の代に遺骨による束縛を避けたい

D：お墓や納骨堂などには高い費用がかかる

E：その他

㉓ あなたは亡くなったあと収骨をしてもらいたいですか。

A：はい　　B：いいえ

㉔ ㉓で「はい」と答えた人の理由は何でしょうか。複数回答でお願いします。

A：収骨は多くの人があたりまえにしている

B：収骨してもらわなかったら安心して死ねない

C：残された家族が困る

D：世間体が悪い

E：その他

㉕ ㉓で「いいえ」と答えた人は「収骨してもらわないこと」をだれかに話したことがありますか。

A：はい　　B：いいえ

㉖ ㉕で「はい」と答えた人は、だれに話しましたか。複数回答でお願いします。

A：配偶者　　B：親　　C：きょうだい

D：親戚　　E：友人　　F：その他

お墓・仏壇に関してあらかじめ準備しておくチェックポイント

❶ お墓をすでに持っていますか。
A：はい　B：いいえ

❷ ①で「はい」と答えた人は、そこに家族、自分も入ると考えていますか。
A：はい　B：いいえ

❸ ①で「いいえ」と答えた人は、お墓をどうしたいですか。
A：新たにつくりたい　B：つくりたくない

❹ ③で「新たにつくりたい」と答えた人は、どのような考えを持っていますか。
A：夫（妻）とは入りたくない
B：新たに自分で建てたい
C：納骨堂に入りたい
D：樹木葬をしたい
E：その他

❺ 仏壇が家にありますか。
A：はい　B：いいえ

❻ ⑤で「いいえ」と答えた人は、家族のだれかが亡くなったら仏壇をどうしますか。
A：買う　B：買わない

❼ ⑥で「買う」と答えた人は、仏壇のパンフレットなどを見たことがありますか。
A：はい　B：いいえ

❽ ⑦で「はい」と答えた人は、どのくらいの仏壇にすることを決めていますか。
A：はい　B：いいえ

❾ 位牌をつくることを考えていますか。
A：はい　B：いいえ

⑩ ⑨で「はい」と答えた人は、位牌をどのようにして入手する予定ですか。

A：菩提寺の住職から

B：葬儀社から

C：仏具店で

D：インターネットで

E：その他

⑪ 墓じまいの予定がありますか。

A：はい　　B：いいえ

⑫ ⑪で「はい」と答えた人は、墓じまいの方法を知っていますか。

A：はい　　B：いいえ

⑬ ⑫で「はい」と答えた人は、次のうちのどこまでを知っていますか。複数回答で答えてください。

A：親族・関係者の同意を得る

B：墓地の管理者に連絡する

C：改葬する場合は新しい受け入れ先の手続きをする

「改葬許可証」をもらう

お墓の管理者から「埋葬・埋蔵証明書」をもらう

「受入証明書」を発行してもらう

「改葬許可申請書」を取り寄せる

D：業者を決める

E：遺骨を取り出してもらい、更地にする

〈ただし、戻される遺骨を散骨のために遺灰にする場合、または遺骨を手元に置かない場合は、再火葬が許可される場合があります。その場合は、下記のことが必要です。

・「墓地改葬許可申請書」に行政トップの印をもらう。

・「死肢等火葬通知書」を提出し、「死肢等火葬許可証」に行政のトップの印をもらう。

・「火葬許可申請書」を提出する。

・火葬の日を決める。

・遺骨を手元に置かない場合は、火葬当日、「遺骨引取辞退書」を提出する。〉

⑭ 墓じまいをするとき、「魂を抜く」ことをしますか。

A：はい　　B：いいえ

⑮ ⑭で「はい」と答えた人は、その理由は何ですか。複数回答で答えてください。

A：これまでの習俗だから
B：みんながしているから
C：バチや祟りがあるかも知れないから
D：家族や親族が文句をいうから
E：その他

⑯ ⑭で「いいえ」と答えた人は、その理由は何ですか。

A：墓に魂があるとは思わないから
B：その他

源 淳子（みなもと じゅんこ）

1947年、島根県奥出雲町の浄土真宗本願寺派の寺に生まれる。
龍谷大学大学院修士課程修了、大谷大学大学院博士課程満期退学。
専門は、日本の宗教とジェンダー。

【単著】

『鎌倉浄土教と女性』（永田文昌堂、1981年）、『仏教と性』（三一書房、1996年）、『フェミニズムが問う仏教』（同上、1996年）、『フェミニズムが問う王権と仏教』（同上、1998年）、『「母」たちの戦争と平和』（同上、2008年）、『自分らしい終末や葬儀の生前準備――「生老病死」を考える』（あけび書房、2017年）、『仏教における女性差別を考える――親鸞とジェンダー』（同上、2020年）

【編著】

『「女人禁制」Q&A』（解放出版社、2005年）

【共著】

『性差別する仏教』（法蔵館、1990年）、『現代の「女人禁制」』（解放出版社、2011年）など

「遺骨を拾わない・お墓をつくらない」葬送を考える

2024年4月30日　初版第1刷発行
2024年7月30日　初版第2刷発行

著　者　源　淳子
発行者　川上　隆
発行所　同時代社
〒101-0065　東京都千代田区西神田2-7-6 川合ビル
電話 03(3261)3149　FAX 03(3261)3237

制　作　久保企画編集室
組　版　い　り　す
装　幀　アルファ・デザイン：森近恵子
印　刷　中央精版印刷株式会社

ISBN978-4-88683-965-7